Philipp Huff

Über den jährlichen und täglichen Gang der erdmagnetischen Kräfte in Tiflis während der Zeit der internationalen Polarexpeditionen 1882 und 1883

Philipp Huff

Über den jährlichen und täglichen Gang der erdmagnetischen Kräfte in Tiflis während der Zeit der internationalen Polarexpeditionen 1882 und 1883

ISBN/EAN: 9783743460843

Hergestellt in Europa, USA, Kanada, Australien, Japan

Cover: Foto ©Andreas Hilbeck / pixelio.de

Manufactured and distributed by brebook publishing software (www.brebook.com)

Philipp Huff

Über den jährlichen und täglichen Gang der erdmagnetischen Kräfte in Tiflis während der Zeit der internationalen Polarexpeditionen 1882 und 1883

Über den jährlichen und täglichen Gang der erdmagnetischen Kräfte in Tiflis während der Zeit der internationalen Polarexpeditionen 1882 und 1883.

INAUGURAL-DISSERTATION

ZUR

ERLANGUNG DER DOKTORWÜRDE

BEI DER

HOHEN PHILOSOPHISCHEN FAKULTÄT

DER

GEORG-AUGUSTS-UNIVERSITÄT ZU GÖTTINGEN

VORGELEGT VON

PHILIPP HUFF

GYMNASIALLEHRER IN ESSEN.

1888.

DRUCK VON W. GIRARDET IN ESSEN, RUHR.

Der Erforschung des Erdmagnetismus ist seit dem Anfang dieses Jahrhunderts ein ganz besonderer Eifer zugewandt worden. In der Geschichte desselben begegnen wir zwei glänzenden Namen: Alexander v. Humboldt und Karl Friedrich Gauss. Ersterer lenkte durch seine zahlreichen Beobachtungen auf fernen Reisen und durch seine viel gelesenen Schriften das allgemeine Interesse auf den bis dahin nur in den beiden Kraftäusserungen der Deklination und Inklination erforschten Erdmagnetismus und er veranlasste zuerst planmässige Beobachtungen der Intensität desselben. Die Geschichte der Erforschung des Erdmagnetismus und die Äusserungen der erdmagnetischen Kraft haben im vierten Bande des Kosmos von Alexander von Humboldt eine viel gerühmte und vielfach benutzte Darstellung gefunden.

Gauss wirkte, wie in so vielen Zweigen der Mathematik und Physik, auch hier umgestaltend und bahnbrechend, indem er Methoden erfand, die erdmagnetischen Kräfte nach absolutem Masse und mit einer Genauigkeit zu messen, wie sie bis dahin nur in der Astronomie bekannt war. Zugleich schuf er auf mathematischer Grundlage eine allgemeine Theorie des Erdmagnetismus. Dieselbe geht nicht wie ältere Theorieen von einer hypothetischen Verteilung des Magnetismus im Innern der Erde aus, sondern von unserer thatsächlichen Kenntnis der Wirkungs-Äusserungen desselben auf der Erdoberfläche. Seine Theorie setzt nur voraus, dass die erdmagnetische Kraft die Gesamtwirkung der magnetisierten Teile des Erdkörpers ist. Das Magnetisiertsein wird als eine Scheidung von fingierten magnetischen Flüssigkeiten vorgestellt, die nach dem Gesetz wirken, dass gleichnamige magnetische Flüssigkeiten sich abstossen, ungleichnamige sich anziehen und zwar im umgekehrten Verhältnis des Quadrats der Entfernung.

Auf Grund dieser allgemeinen Voraussetzungen gelang es Gauss durch scharfsinnige mathematische Kombinationen das magnetische Potential V der Erde zu berechnen, woraus für jeden Punkt der Erdoberfläche die Komponenten der erdmagnetischen Kraft abgeleitet werden können. Er empfahl wegen der einfachen Abhängigkeit von der Funktion V und des einfachen mathematischen Zusammenhanges untereinander an Stelle der sonst gebräuchlichen Bestimmungsstücke, der Deklination, der Inklination und der ganzen Intensität die drei auf einander senkrecht stehenden Komponenten, und zwar die Vertikal-Komponente Z, die horizontale nach Norden gerichtete Komponente X und die horizontale nach Westen gerichtete Komponente Y in die Rechnung einzuführen.

Die allgemeine Theorie des Erdmagnetismus gestattete Gauss die Lage der magnetischen Axe der Erde zu bestimmen und das magnetische Moment der Erde zu berechnen.

Einleitung.

Die Frage nach dem Sitz der fingierten magnetischen Flüssigkeiten wird dahin entschieden, dass er nicht ausserhalb der Erde, etwa in der Atmosphäre oder dem Weltenraume, sondern im Innern der Erde ist, wenngleich ein kleiner Teil der magnetischen Kräfte seinen Sitz auch ausserhalb der Erde haben kann.

Gauss nennt die in der Potential-Funktion auftretenden für den Erdmagnetismus berechneten Zahlenwerte die Elemente desselben. Sie gelten nur für eine bestimmte Zeit, da auf die Änderungen, welche sie im Laufe der Zeit erleiden, wegen Mangel an ausreichenden Beobachtungen noch nicht Rücksicht genommen werden konnte. Diese Änderungen kann man einteilen in säkulare, in periodische, nämlich tägliche, etwa sechsundzwanzigtägige und jährliche, etwa elfjährige und verschiedene vieljährige. Die übrigen noch vorkommenden und zuweilen ganz ausserordentlich stark auftretenden wollen wir kurz die unregelmässigen Änderungen nennen; zu ihnen gehören die von Alexander v. Humboldt als magnetische Gewitter bezeichneten Erscheinungen.

Eine vollständige Theorie hat nach den von Herrn Professor E. Schering mir gegebenen Erläuterungen auch die regelmässigen Änderungen in sich aufzunehmen, und zu diesem Zwecke sind aus den Beobachtungen aus jedem Orte zunächst die Komponenten der erdmagnetischen Kraft als mehrfach periodische von der Zeit abhängige Ausdrücke darzustellen.

Von der Kommission der internationalen Polarexpeditionen wurden die in den Jahren 1882 und 1883 zur Ausführung gelangten magnetischen Beobachtungen angeregt, an denen sich die meisten Kulturstaaten beteiligten. Ein Netz von Beobachtungsstationen war über die Erde gespannt; besondere Aufmerksamkeit wurde nach den von dem Polarforscher Weyprecht früher ausgesprochenen Vorschlägen den hohen Breiten, „der weiten Heimat der Störungen"[1]) gewidmet.

Die vorliegende Arbeit beschäftigt sich mit den magnetischen Beobachtungen zu Tiflis, die unter der Leitung des Herrn Direktor Mielberg ausgeführt wurden; sie sucht den jährlichen und täglichen Gang der Komponenten X, Y, Z für die zwölf Monate von 1882 September bis 1883 August als doppelperiodische Ausdrücke von der Zeit darzustellen.

---

1) Carl Friedrich Gauss und die Erforschung des Erdmagnetismus von Ernst Schering. Göttingen 1887. Seite 69 und 70.

Bei vorliegender Arbeit werden zuerst die Abweichungen des Stundenmittels der Deklination vom Tagesmittel für einen jeden Monat als periodische Funktion der Stundenzahl S dargestellt. Die Formel hierfür lautet:

$$(1) \quad F(S) = a_0 + a_1 \cos S \tfrac{360°}{24} + a_2 \cos 2S \tfrac{360°}{24} + a_3 \cos 3S \tfrac{360°}{24}$$
$$+ b_1 \sin S \tfrac{360°}{24} + b_2 \sin 2S \tfrac{360°}{24} + b_3 \sin 3S \tfrac{360°}{24}$$

in welcher die Konstanten $a_0, a_1, b_1 \ldots$ durch die Summen

$$(2) \quad a_0 = \tfrac{1}{24} \sum_{S=1}^{S=24} f(S), \quad a_\sigma = \tfrac{2}{24} \sum_{S=1}^{S=24} f(S) \cos \sigma h \tfrac{360°}{24}$$
$$b_\sigma = \tfrac{2}{24} \sum_{S=1}^{S=24} f(S) \sin \sigma h \tfrac{360°}{24}$$

dargestellt werden. Für $f(S)$ werden hier die für S beobachteten Werte der Abweichung des Stundenmittels vom Tagesmittel eingesetzt. Wir werden, da wir für sämtliche Monate von 1882 September bis 1883 August die Formel berechnen, für jede Konstante a und b zwölf Werte erhalten. Diese zwölf Werte für eine jede Konstante lassen sich wiederum als eine periodische Funktion der Monatszahl (M) darstellen und zwar durch:

$$(3) \quad F(M) = A_{a0}^{\sigma 1} + A_{a1}^{\sigma 1} \cos M \tfrac{360°}{12} + A_{a2}^{\sigma 1} \cos 2M \tfrac{360°}{12} + A_{a3}^{\sigma 1} \cos 3M \tfrac{360°}{12}$$
$$+ A_{a1}^{\sigma 0} \sin M \tfrac{360°}{12} + A_{a2}^{\sigma 0} \sin 2M \tfrac{360°}{12} + A_{a3}^{\sigma 0} \sin 3M \tfrac{360°}{12}$$

wobei die Grössen A folgende Werte haben:

$$(4) \quad A_{a0}^{\sigma 1} = \tfrac{1}{12} \sum_{M=1}^{M=12} f(M), \quad A_{a\mu}^{\sigma 1} = \tfrac{2}{12} \sum_{M=1}^{M=12} f(M) \cos \mu M \tfrac{360°}{12}$$
$$A_{a\mu}^{\sigma 1} = \tfrac{2}{12} \sum_{M=1}^{M=12} f(M) \sin \mu M \tfrac{360°}{12}.$$

σ hat den Wert 1, 2 oder 3 je nach dem Index der Konstanten a und b. $\sigma' = 1$ für a, $\sigma' = 0$ für b. $f(M)$ nimmt hier der Reihe nach die für a_σ oder b_σ berechneten Werte an.

Deklination.

Für a_0 wird nicht unmittelbar eine solche Formel abgeleitet.

Um[1]) den jährlichen Gang der Deklination mit in Rechnung zu ziehen, bildet man zuerst aus den Monatsmitteln m_0 und a_0 die Summe. Man erhält also für jeden Monat des Jahres eine Summe
$$a_0 + m_0.$$

Zur Darstellung des gleichmässigen Ganges der Werte dieser Summe berechnet man nach der Methode der kleinsten Quadrate in der Formel

(5) $$a^* + \delta^* \frac{M-6{,}5}{12} = a_0 + m_0$$

die konstanten Grössen a^* und δ^*, wobei die veränderliche Grösse M die Anzahl der durchgezählten Monate bedeutet. Bei vorliegender Arbeit wird also für 1882 September $M = 1$ und für 1883 August $M = 12$ zu setzen sein.

Die zwölf Werte der Differenz

(6) $$A_0 = (a_0 + m_0) - \left(a^* + \delta^* \tfrac{M-6{,}5}{12}\right)$$

werden durch die Formel:

(7) $$A_0 = A_{00}^{11} + A_{01}^{11} \cos m + A_{02}^{11} \cos 2m + A_{03}^{11} \cos 3m$$
$$+ A_{01}^{10} \sin m + A_{02}^{10} \sin 2m + A_{03}^{10} \sin 3m$$

dargestellt, in welcher die Konstanten A_{00}, A_{01}^{11}, A_{00}^{11} etc. nach den Formeln (4) berechnet werden. Hierbei ist zur Abkürzung $m = M \cdot \frac{360°}{12} = M \cdot 30°$ gesetzt.

Fasst man die Berechnungen für den mittleren täglichen und jährlichen Gang zusammen, so erhält man, wenn man $s = S \cdot \frac{360°}{24} = S \cdot 15°$ setzt, für die Deklination die Formel:

(8) $$D = D_{00} + \delta^* \tfrac{M-6{,}5}{12} + \delta$$

in welcher D_{00} und δ folgende Werte haben:

$$D_{00} = a^* + A_{00}^{11}$$

(8*) $$\delta = A_{01}^{11} \cos m + A_{02}^{11} \cos 2m + A_{03}^{11} \cos 3m$$
$$+ A_{01}^{10} \sin m + A_{02}^{11} \sin 2m + A_{03}^{11} \sin 3m$$

$$+ \cos s \cdot \begin{cases} A_{10}^{11} + A_{11}^{11} \cos m + A_{12}^{11} \cos 2m + A_{13}^{11} \cos 3m \\ + A_{11}^{10} \sin m + A_{12}^{10} \sin 2m + A_{13}^{10} \sin 3m \end{cases}$$

$$+ \sin s \cdot \begin{cases} A_{10}^{01} + A_{11}^{01} \cos m + A_{12}^{01} \cos 2m + A_{13}^{01} \cos 3m \\ + A_{11}^{00} \sin m + A_{12}^{00} \sin 2m + A_{13}^{00} \sin 3m \end{cases}$$

---

[1]) Die folgenden mathematischen Entwickelungen verdanke ich den von Herrn Professor Dr. E. Schering mir gegebenen Andeutungen.

Deklination.

$$+ \cos 2s \cdot \left\{ \begin{array}{l} I_{20}^{11} + I_{21}^{11} \cos m + \ldots \\ \quad + I_{21}^{10} \sin m + \ldots \end{array} \right\}$$

$$+ \sin 2s \cdot \left\{ \begin{array}{l} I_{20}^{01} + I_{21}^{01} \cos m + \ldots \\ \quad + I_{21}^{00} \sin m + \ldots \end{array} \right\}$$

$$+ \cos 3s \cdot \left\{ \begin{array}{l} I_{30}^{11} + I_{31}^{11} \cos m + \ldots \\ \quad + I_{31}^{10} \sin m + \ldots \end{array} \right\}$$

$$+ \sin 3s \cdot \left\{ \begin{array}{l} I_{30}^{01} + I_{31}^{01} \cos m + \ldots \\ \quad + I_{31}^{00} \sin m + \ldots \end{array} \right\}$$

Diesem Ausdruck kann man die Form

$$(9) \qquad \delta = \sum_{\sigma=0}^{n=3} \sum_{\mu=0}^{\mu=3} \sum_{\sigma'=0}^{\sigma'=1} \sum_{\mu'=0}^{\mu'=1} I_{\sigma\mu}^{\sigma'\mu'} \sin(\sigma s + \sigma' Q) \cdot \sin(\mu m + \mu' Q)$$

geben, worin $I_{00}^{11} = 0$, $I_{0\mu}^{0\mu'} = 0$, $I_{\sigma 0}^{\sigma' 0} = 0$

und $Q = 90°$ ist.

Die Bedeutung dieser Formel wird durch folgende Umgestaltungen besser erkannt. Man verwandelt sie zunächst in:

$$(10) \qquad \delta = \sum_{\sigma=0}^{n=3} \sum_{\mu=0}^{\mu=3} \left| \begin{array}{l} \tfrac{1}{2}\left(I_{\sigma\mu}^{11} - I_{\sigma\mu}^{00}\right) \cos(\sigma s + \mu m) \\ + \tfrac{1}{2}\left(I_{\sigma\mu}^{11} + I_{\sigma\mu}^{00}\right) \cos(\sigma s - \mu m) \\ + \tfrac{1}{2}\left(I_{\sigma\mu}^{01} + I_{\sigma\mu}^{10}\right) \sin(\sigma s + \mu m) \\ + \tfrac{1}{2}\left(I_{\sigma\mu}^{01} - I_{\sigma\mu}^{10}\right) \sin(\sigma s - \mu m) \end{array} \right.$$

und setzt:

$$(11) \qquad \left. \begin{array}{l} \overline{J}_{\sigma\mu} \cos \overline{\overline{J}}_{\sigma\mu} = \tfrac{1}{2}\left(I_{\sigma\mu}^{11} - I_{\sigma\mu}^{00}\right) \\ \overline{J}_{\sigma\mu} \sin \overline{\overline{J}}_{\sigma\mu} = \tfrac{1}{2}\left(I_{\sigma\mu}^{01} + I_{\sigma\mu}^{10}\right) \end{array} \right| \begin{array}{l} \text{für } \mu > 0 \\ \sigma > 0 \end{array}$$

$$(12) \qquad \left. \begin{array}{l} \overline{J}_{\sigma\mu} \cos \overline{\overline{J}}_{\sigma\mu} = \tfrac{1}{2}\left(I_{\sigma,-\mu}^{11} + I_{\sigma,-\mu}^{00}\right) \\ \overline{J}_{\sigma\mu} \sin \overline{\overline{J}}_{\sigma\mu} = \tfrac{1}{2}\left(I_{\sigma,-\mu}^{01} - I_{\sigma,-\mu}^{10}\right) \end{array} \right| \begin{array}{l} \text{für } \mu < 0 \\ \sigma > 0 \end{array}$$

(13) $$\overline{\overline{A}}_{\sigma 0} \cos \overline{\overline{A}}_{\sigma 0} = A_{\sigma 0}^{11} \atop \overline{\overline{A}}_{\sigma 0} \sin \overline{\overline{A}}_{\sigma 0} = A_{\sigma 0}^{01}} \left. \right\} \text{ für } \mu = 0 \atop \sigma > 0$$

(11*) $$\overline{\overline{A}}_{0\mu} \cos \overline{\overline{A}}_{0\mu} = \tfrac{1}{2} A_{0\mu}^{11} \atop \overline{\overline{A}}_{0\mu} \sin \overline{\overline{A}}_{0\mu} = \tfrac{1}{2} A_{0\mu}^{10}} \left. \right\} \text{ für } \mu > 0 \atop \sigma = 0$$

(12*) $$\overline{\overline{A}}_{0\mu} \cos \overline{\overline{A}}_{0\mu} = \tfrac{1}{2} A_{0,-\mu}^{11} \atop \overline{\overline{A}}_{0\mu} \sin \overline{\overline{A}}_{0\mu} = - \tfrac{1}{2} A_{0,-\mu}^{10}} \left. \right\} \text{ für } \mu < 0 \atop \sigma = 0$$

also
$$\overline{\overline{A}}_{0,+\mu} = 360° - \overline{\overline{A}}_{0,-\mu} \atop \overline{A}_{0,+\mu} = \overline{A}_{0,-\mu}} \left. \right\} \text{ für } \sigma = 0$$

$$\overline{\overline{A}}_{00} = 0,$$
$$\overline{A}_{00} = f_{00}^{00} = 0.$$

Hierdurch ergiebt sich für (10) die Form:

(14) $$\delta = \sum_{\sigma=0}^{n-3} \sum_{\mu=-3}^{+3} \overline{A}_{\sigma\mu} \cos\left(\sigma s + \mu m - \overline{\overline{A}}_{\sigma\mu}\right).$$

Nun bestimmt man $s_{\delta\sigma\mu} = s_{\delta\sigma,-\mu}$ und $m_{\delta\sigma\mu} = m_{\delta\sigma,-\mu}$ durch die Gleichungen:

(15) $$\sigma s_{\delta\sigma\mu} + \mu m_{\delta\sigma\mu} = \overline{\overline{A}}_{\sigma\mu} \atop \sigma s_{\delta\sigma\mu} - \mu m_{\delta\sigma\mu} = \overline{\overline{A}}_{\sigma,-\mu}} \left. \right\} \text{ für } \mu > 0,$$

also ist:

(16) $$s_{\delta\sigma\mu} = \tfrac{1}{2\sigma}\left(\overline{\overline{A}}_{\sigma\mu} + \overline{\overline{A}}_{\sigma,-\mu}\right)$$
$$m_{\delta\sigma\mu} = \tfrac{1}{2\mu}\left(\overline{\overline{A}}_{\sigma\mu} - \overline{\overline{A}}_{\sigma,-\mu}\right)$$

und man findet:

(17) $$\delta = \sum_{\sigma=0}^{n-3} \sum_{\mu=-3}^{+3} \overline{A}_{\sigma\mu} \cos\left[\sigma(s - s_{\delta\sigma\mu}) + \mu(m - m_{\delta\sigma\mu})\right].$$

Für die Werte von $s_{\delta 0\mu}$ und $m_{\delta\sigma 0}$ entsteht $\tfrac{0}{0}$, sie sind also willkürlich. Setzt man noch

(18) $$\delta_{\sigma\mu} \cos \delta'_{\sigma\mu} = \overline{A}_{\sigma\mu} + \overline{A}_{\sigma,-\mu} \atop \delta_{\sigma\mu} \sin \delta'_{\sigma\mu} = - \overline{A}_{\sigma\mu} + \overline{A}_{\sigma,-\mu}} \left. \right\} \text{ für } \mu > 0,$$

$$(19) \quad \begin{aligned} \delta_{n0} \cos \delta'_{n0} &= \overline{T}_{n0} \\ \delta_{n0} \sin \delta'_{n0} &= 0 \end{aligned} \bigg\} \text{ für } \mu = 0,$$

$$(19^*) \quad \delta_{(0)} = \overline{T}_{(0)} = 0,$$

so erhält man die zur Berechnung der Deklination D und zur Einsicht des jährlichen und täglichen Ganges derselben besonders vorteilhafte Form:

$$(20) \quad \delta = \sum_{n=0}^{n=3} \sum_{\mu=0}^{\mu=3} \bigg| \begin{aligned} &\delta_{n\mu} \cos \delta'_{n\mu} \cdot \cos \sigma (s - s_{\delta n\mu}) \cdot \cos \mu (m - m_{\delta n\mu}) \\ &+ \delta_{n\mu} \sin \delta'_{n\mu} \cdot \sin \sigma (s - s_{\delta n\mu}) \cdot \sin \mu (m - m_{\delta n\mu}) \end{aligned}$$

Die Formel für die Horizontal-Intensität T wird ebenso entwickelt wie für die Deklination. Die Grössen M, m, S, s, Q behalten dieselbe Bedeutung, wie in den Formeln für die Deklination. T ist die in vollen Gauss'schen Einheiten ausgedrückte Horizontal-Intensität. Die Grössen Θ^*, $\Theta_{n\mu}^{n'\mu'}$, $\Theta_{n\mu}$ sind in 0,0001 der Gauss'schen Einheit ausgedrückt. Die Formel für T lautet mit Berücksichtigung des jährlichen und täglichen Ganges:

$$(21) \quad 10000\, T = 10000\, T_{00} + \Theta^* \tfrac{M-6{,}5}{12} + \Theta$$

$$(22) \quad \Theta = \sum_{n=0}^{n-3} \sum_{\mu=0}^{\mu-3} \sum_{n'=0}^{n'-1} \sum_{\mu'=0}^{\mu'-1} (\Theta)_{n\mu}^{n'\mu'} \sin(n s + n' Q) \cdot \sin(\mu m + \mu' Q)$$

$$(23) \quad \Theta = \sum_{n=0}^{n-3} \sum_{\mu=0}^{\mu-3} \bigg| \begin{aligned} &\Theta_{n\mu} \cos \Theta'_{n\mu} \cdot \cos \sigma (s - s_{\Theta n\mu}) \cdot \cos \mu (m - m_{\Theta n\mu}) \\ &+ \Theta_{n\mu} \sin \Theta'_{n\mu} \cdot \sin \sigma (s - s_{\Theta n\mu}) \cdot \sin \mu (m - m_{\Theta n\mu}) \end{aligned}$$

$$(24) \quad (\Theta)_{00}^{11} = (\Theta)_{00} = 0,$$

$$(22^*) \quad (\Theta)_{0\mu}^{0\mu'} = 0, \quad (\Theta)_{n0}^{n'0} = 0,$$

$(23^*) \quad s_{\Theta_{0\mu}}$ und $m_{\Theta n 0}$ haben beliebige Werte.

Aus (8) und (21) ergeben sich die Werte für die Horizontalkomponenten X und Y. Die Kraft X, welche den Nordpol des Magneten nach dem astronomischen Norden hinbewegt, ist:

$$(25) \quad X = T \cdot \cos D =$$
$$= \left(T_{00} + \tfrac{M-6{,}5}{12} \cdot \tfrac{\Theta^*}{10000} + \tfrac{\Theta}{10000}\right) \cdot \cos\left(D_{00} + \tfrac{M-6{,}5}{12} \delta^* + \delta\right)$$

Für die Horizontalkomponente Y, welche den Nordpol des Magneten nach dem astronomischen Westen hinzubewegen strebt, ist:

$$(26) \quad Y = T \cdot \sin D =$$
$$= \left(T_{00} + \tfrac{M-6{,}5}{12} \cdot \tfrac{\Theta^*}{10000} + \tfrac{\Theta}{10000}\right) \cdot \sin\left(D_{00} + \tfrac{M-6{,}5}{12} \delta^* + \delta\right)$$

Die täglichen und jährlichen Schwankungen, sowie die jährlichen Änderungen der Richtung und Grösse der erdmagnetischen Kraft sind in Tiflis so klein, dass die Glieder der zweiten Ordnung derselben innerhalb der Fehlergrenzen der Beobachtung liegen, also ausser Rechnung gelassen werden können. Beachtet man ferner, dass δ und δ^* in Bogen-Minuten ausgedrückt sind, so findet man:

(27) $$10000 \, X = 10000 \, X_{00} + \frac{M-6.5}{12} \xi^* + \xi,$$

in welcher Formel zu setzen ist:

(28) $$X_{00} = T_{00} \cos D_{00},$$

(29) $$\xi^* = \Theta^* \cos D_{00} - 10000 \, \frac{2\pi}{360} \cdot \frac{\delta^*}{60} \cdot T_{00} \sin D_{00},$$

(30) $$\xi = \Theta \cos D_{00} - 10000 \, \frac{2\pi}{360} \cdot \frac{\delta}{60} \cdot T_{00} \sin D_{00},$$

(31) $$\xi = \sum_{\sigma=0}^{n-3} \sum_{\mu=0}^{\mu=3} \sum_{\sigma'=0}^{n'=1} \sum_{\mu'=0}^{\mu'=0} \Xi_{\sigma\mu}^{\sigma'\mu'} \sin(\sigma s + \sigma' Q) \cdot \sin(\mu m + \mu' Q).$$

In dieser Formel hat $\Xi_{\sigma\mu}^{\sigma'\mu'}$ den Wert:

(32) $$\Xi_{\sigma\mu}^{\sigma'\mu'} = \Theta_{\sigma\mu}^{\sigma'\mu'} \cos D_{00} - 10000 \, \frac{2\pi}{360} \cdot \frac{1}{60} \cdot J_{\sigma\mu}^{\sigma'\mu'} \cdot T_{00} \sin D_{00}.$$

Auf dieselbe Weise wie Formel (10) in (20), wird (31) in die für ξ endgültige Form übergeleitet:

(33) $$\xi = \sum_{\sigma=0}^{n-3} \sum_{\mu=0}^{\mu=3} \left| \begin{array}{l} \xi_{\sigma\mu} \cos \xi'_{\sigma\mu} \cdot \cos \sigma (s - s_{\xi\sigma\mu}) \cdot \cos \mu (m - m_{\xi\sigma\mu}) \\ + \xi_{\sigma\mu} \sin \xi'_{\sigma\mu} \cdot \sin \sigma (s - s_{\xi\sigma\mu}) \cdot \sin \mu (m - m_{\xi\sigma\mu}) \end{array} \right.$$

Die entsprechenden Formeln für Y mögen hier kurz folgen:

(34) $$10000 \, Y = 10000 \, Y_{00} + \frac{M-6.5}{12} \eta^* + \eta,$$

(35) $$Y_{00} = T_{00} \cdot \sin D_{00},$$

(36) $$\eta^* = \Theta^* \sin D_{00} + 10000 \, \frac{2\pi}{360} \cdot \frac{\delta^*}{60} \cdot T_{00} \cos D_{00},$$

(37) $$\eta = \Theta \sin D_{00} + 10000 \, \frac{2\pi}{360} \cdot \frac{\delta}{60} \cdot T_{00} \cos D_{00},$$

(38) $$\eta = \sum_{\sigma=0}^{n-3} \sum_{\mu=0}^{\mu=3} \sum_{\sigma'=0}^{n'=1} \sum_{\mu'=0}^{\mu'=1} H_{\sigma\mu}^{\sigma'\mu'} \sin(\sigma s + \sigma' Q) \sin(\mu m + \mu' Q),$$

(39) $$H_{\sigma\mu}^{\sigma'\mu'} = \Theta_{\sigma\mu}^{\sigma'\mu'} \sin D_{00} + 10000 \, \frac{2\pi}{360} \cdot \frac{1}{60} \cdot J_{\sigma\mu}^{\sigma'\mu'} \cdot T_{00} \cos D_{00},$$

$$
(40) \quad \eta = \sum_{\sigma=0}^{\sigma=3} \sum_{\mu=0}^{\mu=3} \left|
\begin{array}{l}
\eta_{\sigma\mu} \cos \eta'_{\sigma\mu} \cdot \cos \sigma (s - s_{\eta\sigma\mu}) \cdot \cos \mu (m - m_{\eta\sigma\mu}) \\
+ \eta_{\sigma\mu} \sin \eta'_{\sigma\mu} \cdot \sin \sigma (s - s_{\eta\sigma\mu}) \cdot \sin \mu (m - m_{\eta\sigma\mu}).
\end{array}
\right.
$$

Die Formel für die Vertikal-Intensität Z wird ebenso berechnet, wie für die Horizontal-Intensität; die Formel, welche den jährlichen und täglichen Gang derselben ausdrückt, lautet:

$$
(41) \quad 10000\, Z = 10000\, Z_{00} + \tfrac{M-6,5}{12} \zeta^* + \zeta
$$

Z_{00} und ζ^* werden in der bereits erwähnten Weise berechnet. ζ hat die der Formel (10) analoge Form:

$$
(42) \quad \zeta = \sum_{\sigma=0}^{\sigma=3} \sum_{\mu=0}^{\mu=3} \sum_{\sigma'=0}^{\sigma'=1} \sum_{\mu'=0}^{\mu'=1} Z^{\sigma'\mu'}_{\sigma\mu} \sin(\sigma s + \sigma' Q) \cdot \sin(\mu m + \mu' Q)
$$

und kann in folgende der Formel (20) entsprechende Form übergeführt werden:

$$
(43) \quad \zeta = \sum_{\sigma=0}^{\sigma=3} \sum_{\mu=0}^{\mu=3} \left|
\begin{array}{l}
\zeta_{\sigma\mu} \cos \zeta'_{\sigma\mu} \cdot \cos \sigma (s - s_{\zeta\sigma\mu}) \cdot \cos \mu (m - m_{\zeta\sigma\mu}) \\
+ \zeta_{\sigma\mu} \sin \zeta'_{\sigma\mu} \cdot \sin \sigma (s - s_{\zeta\sigma\mu}) \cdot \sin \mu (m - m_{\zeta\sigma\mu})
\end{array}
\right.
$$

In diesen Formeln ist, wie bereits im Anfange bemerkt wurde m und s zur Abkürzung für $M \cdot \tfrac{360°}{12}$ und $S \cdot \tfrac{360°}{24}$ angewandt. Wenn also M und S wieder in die Formeln eingeführt werden soll, so ist zu setzen:

$$
s - s_{\sigma\sigma\mu} = (S - S_{\sigma\sigma\mu}) \cdot \tfrac{360°}{24} = (S - S_{\sigma\sigma\mu}) \cdot 15°
$$

$$
m - m_{\sigma\sigma\mu} = (M - M_{\sigma\sigma\mu}) \cdot \tfrac{360°}{12} = (M - M_{\sigma\sigma\mu}) \cdot 30°.
$$

Deklination.

Folgenden Berechnungen sind, wie bereits erwähnt, die Beobachtungen der erdmagnetischen Kräfte zu Tiflis von 1882 September bis 1883 August untergelegt. Aus den Beobachtungen, die zu jeder Stunde des Tages während der ganzen Zeit angestellt wurden, sind Mittelwerte für jeden Monat gebildet. In den Tabellen, welche wir folgen lassen, sind in der ersten Kolonne die Monatsmittel verzeichnet und in den vierundzwanzig darauf folgenden Kolonnen die Abweichungen davon für jede Stunde. Bei der Deklination geben die zweistelligen Dezimalbrüche die Abweichung in Bogen-Minuten an. Die Deklination ist von Norden nach

12 *Deklination.*

Westen gezählt; in Tiflis ist sie also, da die Mittelwerte sämtlich negativ sind, östlich und wächst im Laufe des Jahres nach Osten zu.

In der folgenden Tabelle sind die Werte für den Monat November korrigiert. An zehn Tagen dieses Monats, am 12., 13., 14., 17., 18., 19., 20., 21., 22., 25., traten grosse magnetische Gewitter auf. Es mussten diese Tage als Störungstage ausgeschieden werden.

Deklination Nord -- > West.

Abweichung der Deklination vom Tagesmittel.

	Tagesmittel	1h 19m	2h 19m	3h 19m	4h 19m	5h 19m	6h 19m	7h 19m	8h 19m	9h 19m	10h 19m	11h 19m	Mittag 12h 19m
82 Sept.	−0°55'40	−0.71	−0.78	−0.51	−0.55	−0.67	−1.70	−3.17	−3.88	−2.78	−0.46	1.85	3.69
„ Okt.	−0°56'45	−0.56	−0.64	−0.29	0.07	−0.22	−0.45	−1.61	−2.49	−1.72	0.23	2.14	3.36
„ Nov.	−0°56'77	−0.36	−0.23	−0.26	−0.03	−0.13	−0.22	−0.84	−1.55	−1.02	−0.41	0.91	1.99
„ Dez.	−0°57'32	−0.41	−0.42	−0.24	−0.17	0.19	0.28	0.63	0.27	−0.22	−0.17	0.47	1.13
83 Jan.	−0°57'37	−0.55	−0.37	−0.19	0.16	0.17	0.09	−0.27	−0.92	−1.30	−0.43	0.73	1.83
„ Febr.	−0°57'59	−1.27	−0.91	−0.34	0.12	0.00	0.49	−0.09	−1.08	−1.66	−1.05	0.35	1.57
„ März	−0°57'76	−0.64	−0.57	−0.78	−0.64	−0.22	−0.28	−1.18	−2.22	−2.68	−1.55	0.03	2.65
„ April	−0°57'87	−0.94	−0.82	−1.32	−1.28	−1.30	−1.84	−3.39	−4.25	−3.63	−1.18	1.89	4.52
„ Mai	−0°57'91	−0.97	−0.85	−0.71	−1.05	−1.91	−3.25	−4.12	−4.01	−2.55	−0.29	2.15	4.04
„ Juni	−0°58'32	−0.79	−0.87	−0.74	−1.06	−2.36	−3.99	−4.59	−4.18	−2.79	−0.36	1.67	3.72
„ Juli	−0°58'66	−0.65	−0.78	−0.96	−1.02	−2.41	−3.48	−4.11	−4.45	−3.30	−0.92	1.60	3.84
„ Aug.	−0°58'58	−1.11	0.93	−1.24	−1.25	−1.94	−2.99	−3.74	−3.86	−2.45	−0.26	2.10	4.13

	1h 19m	2h 19m	3h 19m	4h 19m	5h 19m	6h 19m	7h 19m	8h 19m	9h 19m	10h 19m	11h 19m	12h 19m
82 September	4.12	3.72	2.54	1.29	0.75	0.45	−0.02	−0.17	−0.41	−0.86	−0.80	−0.93
„ Oktober	3.07	2.19	1.31	0.33	0.45	0.03	−0.33	−0.34	−1.01	−1.23	−1.43	−0.90
„ November	2.00	1.23	0.77	0.24	0.47	0.45	0.14	−0.01	−0.32	−0.48	−0.68	−0.78
„ Dezember	1.35	0.89	0.55	0.30	0.04	0.19	−0.21	−0.55	−0.92	−1.05	−1.13	−0.85
83 Januar	1.93	1.33	0.75	0.46	0.24	0.21	−0.11	−0.25	−0.86	−1.12	−0.99	−0.81
„ Februar	2.05	2.23	1.84	1.15	0.98	0.23	−0.36	−0.39	−1.04	−0.81	−1.00	−1.12
„ März	3.66	3.71	2.45	1.19	0.42	0.23	−0.09	−0.50	−0.74	−0.95	−1.08	−0.83
„ April	5.43	4.82	3.50	1.80	0.79	0.26	0.29	−0.53	−0.44	−0.57	−0.74	−0.99
„ Mai	4.77	4.36	3.35	1.99	0.66	0.08	0.07	−0.31	−0.56	−0.54	−0.69	
„ Juni	4.71	4.69	4.05	2.74	1.06	0.42	0.03	0.13	−0.16	−0.44	−0.40	−0.58
„ Juli	5.25	5.23	4.41	2.85	1.03	−0.34	0.20	−0.02	−0.11	−0.37	−0.71	−0.84
„ August	4.95	4.47	3.32	1.88	0.56	0.03	0.28	0.02	−0.27	−0.38	−0.65	−0.74

Bei der Berechnung der Formel für die Abweichung des Stundenmittels vom Tagesmittel wurde eine abgeänderte Stundenzahl eingeführt. Es wurde von den 19^m abgesehen, also S um $0{,}317^h$ zu klein genommen, und ausserdem diese abgeänderte Zeit in astronomischer Zeit ausgedrückt. S nimmt demnach die Werte von 1 bis 24 an; S ist demnach für 1 Uhr Nachmittags gleich 1 und für 12 Uhr Mittags gleich 24. Die sieben Konstanten, welche die Rechnung nach Formel (1) und (2) für jeden Monat ergibt, sind in folgender Tabelle zusammengestellt:

Deklination.

	a_0	a_1	b_1	a_2	b_2	a_3	b_3
1882 September	0.000	1.265	1.485	1.086	1.323	1.043	0.341
„ Oktober	—0.005	1.212	0.565	0.712	0.896	0.928	0.099
„ November	0.002	0.439	0.525	0.303	0.570	0.608	0.150
„ Dezember	—0.002	0.750	—0.086	—0.068	0.330	0.127	0.116
1883 Januar	—0.010	0.742	0.237	0.136	0.640	0.476	0.187
„ Februar	—0.005	0.942	0.508	—0.066	0.896	0.305	0.543
„ März	—0.006	1.113	0.997	0.538	1.277	0.581	0.720
„ April	0.003	1.582	1.943	1.365	1.608	1.040	0.698
„ Mai	—0.010	1.497	1.981	1.550	1.333	0.966	0.285
„ Juni	—0.004	1.455	2.340	1.581	1.515	0.790	0.255
„ Juli	—0.003	1.532	2.340	1.588	1.701	0.844	0.544
„ August	—0.003	1.590	1.971	1.515	1.211	0.937	0.396

Die nach den soeben verzeichneten Konstanten rückwärts berechneten Werte der Abweichung des Stundenmittels der Deklination vom Tagesmittel sind in den folgenden Tabellen enthalten. Über den einzelnen Kolonnen steht die der Berechnung untergelegte abgeänderte astronomische Zeit. Die Abweichungen sind auch hier in Bogen-Minuten angegeben.

	13ʰ	14ʰ	15ʰ	16ʰ	17ʰ	18ʰ	19ʰ	20ʰ	21ʰ	22ʰ	23ʰ	Mittag 24ʰ
1882 Sept.	—0.983	—0.490	—0.125	—0.383	—1.061	—2.230	—3.207	—3.385	—2.457	—0.592	1.613	3.394
„ Okt.	—0.983	—0.322	0.220	0.248	—0.308	—1.183	—1.888	—1.603	—1.170	—0.243	1.775	2.847
„ Nov.	—0.547	—0.145	0.215	0.277	—0.060	—0.676	—1.262	—1.487	—1.165	—0.373	0.591	1.352
„ Dez.	—0.760	—0.473	—0.133	0.144	0.283	0.268	0.161	0.068	0.087	0.255	0.528	0.807
1883 Jan.	—0.819	—0.336	0.142	0.376	0.240	—0.196	—0.690	—0.942	—0.762	—0.160	0.649	1.344
„ Febr.	—1.255	—0.876	—0.302	0.198	0.365	0.096	—0.475	—1.022	—1.194	—0.794	0.101	1.176
„ März	—1.154	—0.814	—0.317	—0.008	—0.164	—0.821	—1.688	—2.268	—2.123	—1.098	0.540	2.226
„ April	—1.271	—0.961	—0.641	—0.721	—1.432	—2.607	—3.692	—4.005	—3.089	—1.007	1.647	3.990
„ Mai	—0.845	—0.653	—0.666	—1.130	—2.100	—3.256	—4.026	—3.872	—2.560	—0.369	2.079	4.003
„ Juni	—0.586	—0.586	—0.794	—1.447	—2.513	—3.070	—4.393	—4.185	—2.884	—0.690	1.785	3.822
„ Juli	—0.845	—0.777	—0.828	—1.272	—2.202	—3.535	—4.304	—4.374	—3.258	—1.069	1.507	3.967
„ Aug.	—1.074	—0.955	—0.927	—1.277	—2.083	—3.039	—3.795	—3.859	—2.427	—0.299	2.112	4.039

	1ʰ	2ʰ	3ʰ	4ʰ	5ʰ	6ʰ	7ʰ	8ʰ	9ʰ	10ʰ	11ʰ	12ʰ
1882 Sept.	4.187	3.864	2.771	1.479	0.505	0.058	0.003	0.009	—0.189	—0.614	—1.057	—1.222
„ Okt.	3.103	2.559	1.562	0.582	—0.039	—0.251	—0.252	—0.326	—0.632	—1.281	—1.447	—1.433
„ Nov.	1.645	1.440	0.929	0.411	0.110	0.074	0.172	0.199	0.029	—0.307	—0.633	—0.742
„ Dez.	0.968	0.973	0.789	0.402	0.161	—0.136	—0.377	—0.576	—0.751	—0.890	—0.980	—0.947
1883 Jan.	1.675	1.560	1.118	0.576	0.144	—0.096	—0.206	—0.322	—0.538	—0.832	—1.073	—1.092
„ Febr.	2.027	2.350	2.084	1.410	0.635	0.026	—0.317	—0.474	—0.608	—0.832	—1.121	—1.318
„ März	3.352	3.552	2.861	1.870	0.498	—0.267	—0.534	—0.494	—0.443	—0.588	—0.898	—1.162
„ April	5.249	5.119	3.863	2.167	0.692	—0.117	—0.274	—0.141	—0.121	—0.407	—0.885	—1.254
„ Mai	4.843	4.391	3.312	1.868	0.730	0.136	—0.012	—0.006	—0.126	—0.409	—0.749	—0.923
„ Juni	4.672	4.784	3.816	2.481	1.283	0.500	0.131	—0.019	—0.154	—0.360	—0.570	—0.668
„ Juli	5.294	5.305	4.224	2.624	1.148	0.353	—0.154	—0.166	—0.150	—0.295	—0.565	—0.797
„ Aug.	4.904	4.563	3.063	1.853	0.603	0.003	—0.045	0.039	—0.001	—0.289	—0.706	—1.015

Die beobachteten und berechneten Werte der Abweichung sind in Figur I graphisch dargestellt; sie sind auf das horizontal gezeichnete Tagesmittel bezogen. Es ist bei dieser Darstellung der jährliche Gang des Tagesmittels nicht mit dargestellt. Die über die ganze Tafel verlaufende punktierte gerade Linie giebt den mittleren Verlauf des Tagesmittels der Deklination an. Die mittlere Zunahme nach Osten beträgt in dem ganzen Jahre $0°2'.954$.

Es tritt hierbei eine merkwürdige Ausnahme ein. Sämtliche Werte der Deklination wachsen nach Osten zu, nur für 1883 August findet man einen kleineren Mittelwert als für Juli.

Aus der Darstellung in Figur I ersieht man, dass der Verlauf der Kurven, welche nach den berechneten und beobachteten Werten gezeichnet sind, ein ziemlich übereinstimmender ist. Die berechnete Kurve zeigt einen ruhigeren Gang als die beobachtete.

Der mittlere tägliche Gang der Deklination ist in allen Monaten ziemlich gleichmässig. Die grösste Ablenkung nach Osten, welche wir als Minimum bezeichnen wollen, findet gegen 8^h am statt. Die nach den beobachteten Werten gezeichnete Kurve zeigt für die Monate September, Oktober, April, Juli, August das Minimum um 8^h am an, für Mai und Juni um 7^h am und für die andern Monate um 9^h am. Darauf nimmt die Deklination zu und erreicht mit Ausnahme von Oktober und März das Maximum um 1^h pm, in ersterem Monate tritt dasselbe um Mittag, in letzterem um 2^h pm ein. Darauf nimmt die Deklination in den Sommermonaten bis um 6^h pm, im Oktober bis um 5^h pm, im November nur bis 4^h pm gleichmässig rasch ab, von da ab fällt sie entweder bedeutend langsamer oder steht fast still (Januar, April, Mai), oder sie wächst ein wenig. Im Juli steigt sie von 6^h bis 7^h pm um $0'.54$. Das Zunehmen der Deklination dauert nur eine Stunde, worauf sie wieder abnimmt und zwar ungleichmässig; sie erreicht zwischen 10^h pm und 2^h am ein zweites Minimum, welches wir als kleines[1]) Minimum bezeichnen wollen. In den Wintermonaten erreicht die Deklination das kleine Minimum in der Regel vor Mitternacht, in den Sommermonaten 1 Stunde nach Mitternacht. Das darauffolgende kleine Maximum wird im April und August schon um 2^h am erreicht; in den anderen Monaten später, im Februar um 6^h am und im Dezember erst um 7^h am. Im Juli tritt in der beobachteten Kurve kein kleines Minimum und Maximum auf. Man sieht jedoch, dass um 12^h pm der Stand der Deklination niedriger ist, als um 1^h am. Das kleine Minimum muss hier also auf die erste Zeit, das kleine Maximum auf die letzterwähnte Zeit verlegt werden.

Die kleinen Schwankungen der Deklination um 6 Uhr Nachmittags gelangen bei der berechneten Kurve teilweise gar nicht zum Ausdruck oder sehr verschoben. Auch in Bezug auf die Umkehrpunkte herrschen zwischen der beobachteten und berechneten Kurve Abweichungen bis zu 2 Stunden.

Die Grösse[2]) der täglichen Amplituden zwischen dem Minimum um 8^h am und dem Maximum um 1^h pm zeigt viel Analoges mit der Tagesamplitude der Lufttemperatur desselben Ortes. Sie sind im Dezember am kleinsten und nehmen von da aus zu, so dass sie im Sommer am grössten sind. Besonders merkwürdig ist der Umstand, dass bei beiden Amplituden

---

1) Humboldt Kosmos, Bd. IV, 1858. Note 54, S. 190.
2) Hollborn, Inaug. Dissert. Göttingen 1887.

zwei Maxima auftreten. Man hat vielfach infolgedessen einen kausalen Zusammenhang zwischen beiden Erscheinungen konstatieren wollen, andererseits hat man jedoch dagegen geltend gemacht, dass das kleine Minimum und Maximum erfolge, ohne dass in der Temperatur eine ähnliche Änderung eintritt. „Es giebt zwei Maxima und Minima der Deklination in 24 Stunden und doch nur ein Minimum und Maximum der Temperatur." [1]
Die Unterschiede der kleinen Minima und Maxima zeigen merkwürdigerweise ein entgegengesetztes Verhalten wie die der grossen. Im Sommer haben sie die kleinsten, im Winter die grössten Werte. Wir lassen eine Zusammenstellung beider Unterschiede folgen und zwar nach den beobachteten und berechneten Werten der Deklination.

		Unterschied des grossen Maximums und Minimums.		Unterschied des kleinen Maximums und Minimums.	
		Beobachtet	Berechnet	Beobachtet	Berechnet
1882	September	8,00	7,572	0,42	1,097
„	Oktober	5,85	4,991	1,50	1,667
„	November	3,62	3,132	0,75	1,019
„	Dezember	1,57	0,905	1,76	1,263
1883	Januar	3,23	2,599	1,30	1,468
„	Februar	3,89	3,544	1,39	1,683
„	März	6,39	5,820	0,86	1,154
„	April	9,68	9,254	0,17	0,630
„	Mai	8,89	8,869	0,26	0,270
„	Juni	9,30	9,205	0,13	0,082
„	Juli	9,70	9,679	0,19	0,068
„	August	8,81	8,690	0,18	0,147

In der graphischen Darstellung der Figur I gelangen die kleinen Maxima und Minima zu keinem der Wirklichkeit vollständig entsprechenden Ausdruck, weil in den fortlaufenden Kurven auf das Minimum des einen Monats öfter das Maximum des folgenden Monats folgt. Im Januar fällt das kleine Minimum auf 10^h pm und im Februar auf 1^h am. Es liegen also in der graphischen Darstellung der beobachteten Werte der Deklination zwei Minima nahe bei einander, durch ein scheinbares Maximum getrennt. Dasselbe tritt bei den Monaten März und April ein. Man müsste also, wenn das kleine Minimum und Maximum richtig zum Ausdruck gelangen sollte, die Kurven so zeichnen, dass auf 12^h pm 1^h am desselben Monats folgte. Doch entwerfen auch die in Figur I verzeichneten Kurven ein im Allgemeinen richtiges Bild dieser kleinen Minima und Maxima: man kann ersehen, dass ihre Unterschiede in den Frühjahr- und Sommermonaten am kleinsten, in den Herbst- und Wintermonaten am grössten sind.

Wir gehen dazu über, die Werte für die Formel, welche den täglichen und jährlichen Gang des Deklination darstellt, abzuleiten. Die Formel (8) hierfür lautet:

$$D = D_m + \delta^a \frac{M-6{,}3}{12} + \delta$$

---

[1] Relshuber in Poggend. Ann. Bd. 85, 1852, S. 416, u. Humboldt Kosmos Bd. IV, 1858, S. 192.

Deklination.

Die Berechnung der Werte D_{00} und δ^* nach der Methode der kleinsten Quadrate ergiebt:
$$D_{00} = -0"57{,}504$$
$$\delta^* = -2'{,}954.$$

δ hat den in (8*) und (9) angegebenen Wert. Um δ durch Formel (9) darzustellen, muss man den Grössen $I^{o',n}_{a\mu}$ die in folgenden Tabellen enthaltenen Werte beilegen, die in Bogen-Minuten ausgedrückt sind.

$A^{1,1}_{a\mu}$

	$\mu = 0$	$\mu = 1$	$\mu = 2$	$\mu = 3$
$a = 0$	—	0,271	0,062	0,015
$a = 1$	1,177	0,271	0,071	0,051
$a = 2$	0,853	0,635	—0,088	0,098
$a = 3$	0,720	0,271	—0,051	0,014

$A^{0,0}_{a\mu}$

	$\mu = 0$	$\mu = 1$	$\mu = 2$	$\mu = 3$
$a = 0$	—	—	—	—
$a = 1$	—	—0,026	0,023	—0,026
$a = 2$	—	—0,486	0,133	—0,042
$a = 3$	—	—0,190	0,109	—0,097

$A^{0,1}_{a\mu}$

	$\mu = 0$	$\mu = 1$	$\mu = 2$	$\mu = 3$
$a = 0$	—	—	—	—
$a = 1$	1,233	0,705	0,020	0,069
$a = 2$	1,108	0,252	0,083	—0,026
$a = 3$	0,361	—0,066	0,136	0,052

$A^{1,0}_{a\mu}$

	$\mu = 0$	$\mu = 1$	$\mu = 2$	$\mu = 3$
$a = 0$	—	—0,073	0,170	0,170
$a = 1$	—	—0,326	0,100	0,070
$a = 2$	—	—0,615	0,067	0,057
$a = 3$	—	—0,164	0,196	0,075

In den Stellen, in welchen keine Werte verzeichnet sind, ist
$$I^{a',n'}_{a\mu} = 0.$$

Um nun δ in der in (14) angegebenen Form darzustellen, muss $\bar{\bar{J}}_{a\mu}$ und $\bar{J}_{a\mu}$ nach den in (11), (12), (13), (11*) und (12*) angegebenen Gleichungen berechnet werden. Die aus der Berechnung sich ergebenden Werte sind in folgenden Tabellen zusammengestellt. $\bar{\bar{J}}_{a\mu}$ ist in Bogen-Grad und $\bar{J}_{a\mu}$ in Bogen-Minuten ausgedrückt.

$\bar{\bar{J}}_{a\mu}$

	$\mu = -3$	$\mu = -2$	$\mu = -1$	$\mu = 0$	$\mu = 1$	$\mu = 2$	$\mu = 3$
$a = 0$	275,04	290,04	15,08	—	344,92	69,96	84,96
$a = 1$	357,79	319,60	122,50	46,33	17,60	68,20	60,88
$a = 2$	303,69	19,10	80,20	52,41	342,02	145,95	12,87
$a = 3$	195,94	314,03	50,08	26,63	333,53	115,73	48,82

$\bar{J}_{a\mu}$

	$\mu = -3$	$\mu = -2$	$\mu = -1$	$\mu = 0$	$\mu = 1$	$\mu = 2$	$\mu = 3$
$a = 0$	0,083	0,095	0,140	—	0,140	0,095	0,083
$a = 1$	0,013	0,062	0,611	1,705	0,629	0,065	0,080
$a = 2$	0,050	0,024	0,440	1,398	0,590	0,134	0,072
$a = 3$	0,044	0,042	0,064	0,805	0,258	0,184	0,085

Deklination. Horizontal-Intensität.

Aus diesen Werten werden nach Gleichung (15) resp. Formel (16) die Werte von $s_{\delta\sigma\mu}$ und $m_{\delta\sigma\mu}$ berechnet; ferner nach (18) und (19) $\delta_{\sigma\mu} \cos \delta'_{\sigma\mu}$ und $\delta_{\sigma\mu} \sin \delta'_{\sigma\mu}$. In dem Ausdruck (20) haben die genannten Grössen die Werte:

$s_{\delta\sigma\mu}$

	$\mu=0$	$\mu=1$	$\mu=2$	$\mu=3$
$\sigma=0$	—	—	—	—
$\sigma=1$	46°,33	70°,05	193°,90	209°,29
$\sigma=2$	26°,21	105°,56	41°,26	79°,14
$\sigma=3$	8°,88	63°,94	71°,68	40°,79

$m_{\delta\sigma\mu}$

	$\mu=0$	$\mu=1$	$\mu=2$	$\mu=3$
$\sigma=0$	—	344°,92	34°,98	28°,32
$\sigma=1$	—	—52°,45	—62°,85	—49°,46
$\sigma=2$	—	130°,91	31°,71	—48°,47
$\sigma=3$	—	141°,73	—49°,58	—24°,52

$\delta_{\sigma\mu} \cos \delta'_{\sigma\mu}$

	$\mu=0$	$\mu=1$	$\mu=2$	$\mu=3$
$\sigma=0$	—	0',280	0',190	0',166
$\sigma=1$	1',705	1',240	0',127	0',093
$\sigma=2$	1',398	1',030	0',158	0',122
$\sigma=3$	0',805	0',322	0',226	0',129

$\delta_{\sigma\mu} \sin \delta'_{\sigma\mu}$

	$\mu=0$	$\mu=1$	$\mu=2$	$\mu=3$
$\sigma=0$	—	—	—	—
$\sigma=1$	—	—0',018	—0',003	—0',068
$\sigma=2$	—	—0',150	—0',110	—0',022
$\sigma=3$	—	—0',194	—0',142	—0',041

Die Werte $s_{\delta\sigma\mu}$ und $m_{\delta\sigma o}$ sind willkürlich, wie früher bereits erwähnt wurde; die andern Werte, welche durch das Zeichen (—) vertreten sind, sind gleich Null. Sämtliche Glieder der Doppelsumme (20), in denen die Konstanten den Wert (—) haben, verschwinden. Die Grössen s und m waren zur Abkürzung für $S \cdot 15°$ und $M \cdot 30°$ eingeführt. Soll also die abgeänderte Stundenzahl S und die Monatszahl M wieder in die Formel für δ eingeführt werden, so ist zu setzen:

$$s - s_{\delta\sigma\mu} = (S - S_{\delta\sigma\mu}) \cdot 15°$$
$$m - m_{\delta\sigma\mu} = (M - M_{\delta\sigma\mu}) \cdot 30°$$

Die Werte von $S_{\delta\sigma\mu}$ und $M_{\delta\sigma\mu}$ lassen sich aus vorstehenden Tabellen darstellen. Will man nun wieder die wirkliche astronomische Zeit einführen, die um 0,^{s}317 grösser als die abgeänderte ist, so braucht man nur $S_{\delta\sigma\mu}$ um 0,317 zu vergrössern.

Die soeben angedeutete Umformung werden wir bei den drei Komponenten X, Y, Z ausführen.

Horizontal-Intensität.

Die Berechnungen für die Horizontal-Intensität werden ebenso durchgeführt wie für die Deklination. Die in der Kolonne unter Monatsmittel stehenden vierstelligen Dezimalbrüche stellen die Mittelwerte der Horizontal-Intensität für den betreffenden Monat in Gauss'schen Einheiten dar. Die mittleren Abweichungen hiervon, die in den vierundzwanzig andern Kolonnen für jede Stunde verzeichnet sind, sind in 0,0001 der Gauss'schen Einheit ausgedrückt.

18 *Horizontal-Intensität.*

In der folgenden Tabelle sind ebenfalls im Monat November die bei der Deklination aufgezählten zehn Störungstage ausgeschieden; sie enthält also die verbesserten Werte dieses Monats.

Abweichung der Horizontal-Intensität vom Tagesmittel.

	Tagesmittel	1h19m	2h19m	3h19m	4h19m	5h19m	6h19m	7h19m	8h19m	9h19m	10h19m	11h19m	Mittag 12h19m
1882 Sept.	2.5743	8	6	6	6	6	4	— 2	—13	—23	—21	—11	— 4
„ Okt.	2.5725	8	6	7	6	7	6	1	— 7	—12	— 7	— 3	0
„ Nov.	2.5730	0	1	0	—1	1	3	3	2	— 6	— 5	— 3	—1
„ Dez.	2.5726	2	2	2	0	1	5	7	8	7	2	— 4	—3
1883 Jan.	2.5736	2	0	1	3	3	4	5	4	0	— 6	— 7	0
„ Febr.	2.5741	2	2	2	3	5	5	8	10	6	— 1	— 4	—2
„ März	2.5735	4	5	4	3	6	9	6	1	— 3	— 5	— 4	—1
„ April	2.5740	2	2	1	0	1	1	— 3	— 9	—12	— 8	2	14
„ Mai	2.5749	3	3	4	5	3	—1	—10	—16	—17	—15	— 5	6
„ Juni	2.5752	4	3	5	5	7	1	— 6	—13	—18	—17	—10	0
„ Juli	2.5741	5	6	7	8	6	3	— 5	—14	—22	—24	—15	—5
„ Aug.	2.5753	6	5	4	4	4	0	— 8	—18	—25	—19	— 7	2

	1h19m	2h19m	3h19m	4h19m	5h19m	6h19m	7h19m	8h19m	9h19m	10h19m	11h19m	12h19m
1882 September	3	6	4	0	— 1	—2	1	3	4	6	7	6
„ Oktober	4	2	—3	— 8	— 8	—7	—4	—3	0	6	4	7
„ November	1	2	—1	— 3	— 5	—3	—2	2	2	3	5	5
„ Dezember	—4	— 3	—4	— 6	— 4	—4	—3	—4	—1	—1	3	3
1883 Januar	2	1	0	— 2	— 3	—3	—1	—2	—2	0	1	1
„ Februar	0	— 1	—6	— 7	— 5	—7	—4	—5	—2	—1	0	4
„ März	2	— 1	—4	—11	—13	—8	—5	—1	4	3	4	8
„ April	18	14	3	— 6	— 9	—9	—5	—3	3	2	1	1
„ Mai	10	9	4	0	— 3	—4	0	4	5	7	5	3
„ Juni	7	8	6	2	— 2	—4	—2	2	4	6	7	5
„ Juli	7	10	9	4	— 1	0	1	3	4	6	2	3
„ August	8	12	9	4	0	—1	0	2	3	4	4	6

Bei der Berechnung der Formel für die Abweichung des Stundenmittels vom Tagesmittel erhielt man für jeden Monat sieben Konstanten, die in folgender Tabelle zusammengestellt sind. Die in derselben enthaltenen ganzen Zahlen bedeuten 0,0001 der Gauss'schen Einheit. Die Rechnung wurde noch auf zwei Stellen weiter ausgedehnt, also bis zu 0,000001 der Gauss'schen Einheit.

Horizontal-Intensität.

		a_0	a_1	b_1	a_2	b_2	a_3	b_3
1882	September	—0,04	—7,47	2,78	0,26	6,40	1,94	5,23
„	Oktober	0,08	—4,87	—2,86	2,69	3,10	1,99	3,31
„	November	0,00	—2,20	—0,55	0,81	—0,22	—0,16	2,84
„	Dezember	0,04	—1,22	—4,39	—0,29	—1,09	—2,18	0,20
1883	Januar	0,04	—0,99	—2,06	—0,77	0,93	—0,70	2,17
„	Februar	0,08	—0,95	—5,60	—0,18	—1,02	—1,39	1,22
„	März	0,13	—4,12	—4,83	1,78	—1,61	1,02	3,65
„	April	0,04	1,16	0,44	5,90	3,81	4,32	5,26
„	Mai	0,00	—3,83	3,98	3,29	5,31	4,40	4,65
„	Juni	0,00	—5,11	3,00	1,63	6,10	2,26	5,58
„	Juli	—0,08	—8,84	4,08	—0,69	8,36	2,38	5,91
„	August	—0,04	—4,66	5,16	2,25	8,17	2,87	5,06

Die nach diesen Konstanten rückwärts berechneten Werte der Abweichung des Stundenmittels vom Tagesmittel sind in den folgenden Tabellen verzeichnet. Die ganzen Zahlen entsprechen wie in der vorigen Tabelle der vierten Dezimalstelle der Gauss'schen Einheit.

	13h	14h	15h	16h	17h	18h	19h	20h	21h	22h	23h	Mittag 24h
1882 Septbr.	4,81	5,48	7,45	8,64	7,25	2,15	— 5,75	—13,80	—18,75	—18,54	—13,27	—5,31
„ Oktbr.	5,65	6,45	7,71	8,32	7,07	3,56	— 1,37	— 5,90	— 8,19	— 7,35	— 4,03	—0,11
„ Novbr.	0,95	—0,43	—0,30	0,82	2,19	2,58	1,49	— 0,68	— 2,85	— 3,87	— 3,29	—1,35
„ Dezbr.	2,96	2,01	1,23	1,48	2,90	4,92	6,44	6,50	4,77	1,77	— 1,38	—3,65
1883 Januar	0,30	0,18	1,11	2,86	4,46	5,04	3,98	1,60	— 1,17	— 3,16	— 3,54	—2,42
„ Februar	1,90	1,50	1,85	3,23	3,55	7,08	7,75	6,81	4,51	1,62	— 0,88	—2,44
„ März	2,79	1,97	2,99	5,11	6,82	6,83	4,85	1,73	— 1,05	— 2,39	— 2,11	—1,19
„ April	—0,94	—0,19	2,05	3,75	2,89	—1,04	— 6,44	—10,33	—10,03	— 4,79	3,58	11,42
„ Mai	1,78	2,93	5,03	5,82	3,36	—2,62	—10,16	—16,02	—17,23	—12,91	— 4,72	3,86
„ Juni	2,71	3,45	4,86	6,68	5,97	0,95	— 5,97	—13,52	—17,74	—15,97	—10,07	—1,22
„ Juli	5,12	6,52	9,14	10,78	8,91	2,44	— 7,39	—17,30	—23,44	—23,28	—16,96	—7,23
„ August	3,55	4,56	6,23	6,63	3,94	—2,39	—10,72	—17,71	—20,77	—17,66	— 9,57	0,42

	1h	2h	3h	4h	5h	6h	7h	8h	9h	10h	11h	12h
1882 Septbr.	1,97	5,78	5,37	2,10	— 1,39	— 2,75	—1,19	2,38	5,87	7,64	7,25	5,75
„ Oktbr.	2,27	1,77	—1,35	— 5,50	— 8,47	— 8,76	—6,23	—2,00	2,15	4,85	5,75	5,65
„ Novbr.	0,23	0,87	—0,05	— 2,02	— 3,81	— 4,20	—2,67	0,24	3,29	5,07	4,91	3,17
„ Dezbr.	—4,48	—4,11	—3,33	— 2,98	— 3,42	— 4,26	—4,76	—4,24	—2,51	—0,11	2,06	3,15
1883 Januar	—0,62	0,74	0,83	— 0,30	— 2,10	— 3,42	—3,50	—2,32	—0,61	0,84	1,34	0,96
„ Februar	—3,08	—3,28	—3,73	— 4,65	— 5,81	— 6,56	—6,25	—4,71	—2,31	0,12	1,74	2,24
„ März	—1,07	—2,71	—5,95	— 9,41	—11,26	—10,13	—6,06	—0,47	4,53	7,21	7,07	5,01
„ April	15,06	12,77	5,65	— 2,97	— 9,20	—10,68	—7,52	—2,09	2,49	4,17	2,90	0,46
„ Mai	9,24	9,57	5,59	0,08	— 3,74	— 3,96	—0,86	3,52	6,61	7,01	5,10	2,72
„ Juni	6,21	8,75	7,32	2,24	— 2,69	— 4,21	—2,95	1,32	5,54	7,05	6,79	4,48
„ Juli	1,88	7,10	7,42	4,24	0,49	— 1,22	0,07	3,36	6,56	7,94	7,24	5,69
„ August	8,45	11,76	10,03	5,17	0,26	— 2,19	—1,44	1,43	4,35	5,70	5,21	4,00

Diese Werte sowie die beobachteten sind in Figur II graphisch dargestellt. Es ist auch bei dieser Darstellung, wie bei der der Deklination, vom jährlichen Gange Abstand genommen. Das Tagesmittel hat nicht einen so stetigen Verlauf wie das der Deklination. Die Abweichungen desselben vom mittleren jährlichen Gang sind grösser.

Der mittlere jährliche Gang des Tagesmittels wird durch die Formel
$$T = 2{,}573927 + \frac{M-6{,}5}{12} \cdot 0{,}002221$$
ausgedrückt. Der Verlauf dieser Formel ist in Figur II ebenfalls graphisch dargestellt. Die mittlere jährliche Zunahme beträgt nach derselben 22,21 Einheiten der vierten Dezimalstelle der Gauss'schen Einheit, während das beobachtete Tagesmittel für 1883 August nur um 10 dieser Einheiten von dem Tagesmittel für 1882 September verschieden ist.

Um den mittleren täglichen Gang der Horizontal-Intensität darzustellen, beginnen wir mit dem Minimum, welches in der Regel zwischen 9^h und 10^h am eintritt, im Februar erst um 11^h. Die Horizontal-Intensität nimmt von da an zu, bis sie von Oktober bis Mai excl. November um 1^h pm, in den andern Monaten um 2^h pm ein Maximum erreicht. Von da ab sinkt sie in den meisten Monaten bis 6^h pm, im Februar nur bis 4^h pm und bildet hier ein zweites Minimum. Sodann wächst sie in der Regel bis um 10^h pm. Bis zum ersten Maximum des folgenden Tages, welches im Sommer gegen 4^h am, in den Wintermonaten später, im Dezember und Februar erst gegen 8^h am erfolgt, ist der Gang der Horizontal-Intensität ein unregelmässiger; doch ist in der beobachteten und der berechneten Kurve ein drittes Minimum nicht zu verkennen. Sollte der Gang der Kurven für diese Zeit richtig zur Darstellung gelangen, so müssten, wie bereits bei der Deklination erwähnt wurde, auf 12^h pm eines Monats 1^h am desselben Monats folgen. Doch geben beide Kurven auch in dieser Darstellung für die Zeit von 10^h pm bis 5^h am ein im Allgemeinen richtiges Bild.

Im Dezember findet man um die Zeit 11^h am bis 2^h pm ein sonderbares, von allen andern Monaten abweichendes, Schwanken der Horizontal-Intensität. Die berechnete Kurve weicht bedeutend von der beobachteten ab; erstere zeigt einen den andern Monaten entsprechenden Verlauf, nur dass die Umkehrpunkte bedeutend später liegen.

Im Februar gelangt das Minimum um 11^h am und das Maximum um 1^h pm in der berechneten Kurve gar nicht zum Ausdruck.

In den Monaten September bis März erreicht die Horizontal-Intensität das Maximum zwischen 12^h pm und 8^h am, in den andern Monaten ist das Maximum zwischen 1^h und 2^h pm zugleich Tagesmaximum.

Die Unterschiede der Horizontal-Intensität von 9^h am und 1^h pm zeigen einen der Deklination ähnlichen Verlauf. Wir lassen in folgender Tabelle die Unterschiede der um diese Zeiten resp. 1 bis 2 Stunden später eintretenden Maxima und Minima für jeden Monat folgen.

Unterschied des Maximums um 1^h resp. 2^h pm vom Minimum um 9^h resp. 10^h oder 11^h am.

		Beobachtet	Berechnet			Beobachtet	Berechnet
1882	September	29	24,53	1883	März	7	3,46
„	Oktober	16	10,46	„	April	30	25,39
„	November	8	4,74	„	Mai	27	26,80
„	Dezember	1	0	„	Juni	26	26,49
1883	Januar	9	4,37	„	Juli	32	30,86
„	Februar	4	0	„	August	37	32,53

Die Einheit dieser Zahlen ist auch hier wieder die vierte Dezimalstelle der von Gauss eingeführten Einheit. Es treten in denselben zwei Maxima auf, das eine im April resp. Mai, das andere im August. Bei den berechneten Werten findet im Dezember und Februar um die erwähnten Zeiten kein Maximum und Minimum statt; die Kurve zeigt demnach ein stetiges Sinken und zwar in ersterem Monat bis 1^h pm, in letzterem bis 6^h pm.

Die Abweichungen des um 9^h resp. 10^h am stattfindenden Minimums der Horizontal-Intensität vom Tagesmittel zeigen nach der nach der Beobachtung gezeichneten Kurve einen einfachen Verlauf. Sie sind im Dezember und Februar am kleinsten und nehmen von da aus nach beiden Seiten gleichmässig zu bis zum Monat August, wo das Maximum der Abweichung um 9^h am eintritt.

Die Abweichung des Maximums um 1^h resp. 2^h pm vom Tagesmittel wird von September ab kleiner und ist im Dezember negativ; im Januar ist sie positiv und im Februar bei der beobachteten Kurve Null. Im März liegt bei der beobachteten Kurve das Maximum über dem Tagesmittel, während es bei der berechneten unter demselben liegt. Das erste und grösste Maximum der Abweichung um 1^h resp. 2^h vom Tagesmittel fällt in den Monat April, ganz entsprechend der Deklination, das zweite in den August.

Die Abweichung des Minimums um 5^h pm zeigt ebenfalls zwei Maxima, das eine im Oktober, das andere im März.

In Bezug auf das im Sommer gegen 4^h am, im Dezember und Februar erst um 8^h am eintretende Maximum lässt sich eine ähnliche Gesetzmässigkeit nicht konstatieren.

Die Formel für den täglichen und jährlichen Gang der Horizontal-Intensität ist:

$$10000\, T = 10000\, T_{00} + \frac{M-a.5}{18} \Theta^* + \Theta.$$

Die Berechnung ergab die Werte:
$$T_{00} = 2{,}573927$$
und
$$\Theta^* = 22{,}21.$$

Für Θ gilt der Ausdruck (22). In Demselben haben die Konstanten folgende Werte, welche in 0,0001 der Gauss'schen Einheit ausgedrückt sind:

$(\Theta)_{\sigma\mu}^{1,1}$

	$\mu=0$	$\mu=1$	$\mu=2$	$\mu=3$
$\sigma=0$	—	2,88	—0,06	—1,70
$\sigma=1$	—3,59	—3,06	—0,88	—1,04
$\sigma=2$	1,39	0,09	—1,12	0,62
$\sigma=3$	1,40	1,46	—0,61	0,36

$(\Theta)_{\sigma\mu}^{0,0}$

	$\mu=0$	$\mu=1$	$\mu=2$	$\mu=3$
$\sigma=0$	—	—	—	—
$\sigma=1$	—	—2,18	—0,74	1,00
$\sigma=2$	—	—2,01	—0,38	1,02
$\sigma=3$	—	—1,54	0,54	—0,06

$(\Theta)_{\sigma\mu}^{0,1}$

	$\mu=0$	$\mu=1$	$\mu=2$	$\mu=3$
$\sigma=0$	—	—	—	—
$\sigma=1$	—0,07	4,12	—0,33	1,11
$\sigma=2$	3,19	4,28	0,52	0,45
$\sigma=3$	3,76	1,70	0,02	0,07

$(\Theta)_{\sigma\mu}^{1,0}$

	$\mu=0$	$\mu=1$	$\mu=2$	$\mu=3$
$\sigma=0$	—	—1,92	1,51	5,51
$\sigma=1$	—	0,34	0,12	0,48
$\sigma=2$	—	—1,29	1,55	0,15
$\sigma=3$	—	—1,92	1,08	0,40

Entsprechend den Werten $\varDelta$ der Deklination werden diese Werte von $\varTheta$ in $\overline{\overline{\varTheta}}_{\sigma\mu}$ und $\overline{\varTheta}_{\sigma\mu}$ umgerechnet. Man findet für dieselben folgende Werte, von denen $\overline{\overline{\varTheta}}_{\sigma\mu}$ in Bogen-Grad und $\overline{\varTheta}_{\sigma\mu}$ in 0,0001 von Gauss' Einheit ausgedrückt ist.

$$\overline{\overline{\varTheta}}_{\sigma\mu}$$

	$\mu=-3$	$\mu=-2$	$\mu=-1$	$\mu=0$	$\mu=1$	$\mu=2$	$\mu=3$
$\sigma=0$	258,85	267,73	33,69	—	326,34	92,28	107,14
$\sigma=1$	93,63	195,52	144,19	181,01	101,16	236,31	142,07
$\sigma=2$	10,37	214,48	109,02	66,46	54,92	109,67	123,69
$\sigma=3$	312,27	206,22	91,27	69,58	355,81	136,27	48,22

$$\overline{\varTheta}_{\sigma\mu}$$

	$\mu=-3$	$\mu=-2$	$\mu=-1$	$\mu=0$	$\mu=1$	$\mu=2$	$\mu=3$
$\sigma=0$	2,882	0,776	1,731	—	1,731	0,776	2,882
$\sigma=1$	0,316	0,841	3,231	3,950	2,273	0,126	1,293
$\sigma=2$	0,834	0,910	2,946	3,480	1,827	1,099	0,361
$\sigma=3$	0,223	0,531	1,810	4,012	1,504	0,796	0,315

Um $\varTheta$ in der Form (23) darzustellen, müssen die Werte der vorigen Tabelle nach (16), (18), (19), (19*) umgerechnet werden.
Man erhält:

	$s\varTheta_{\sigma\mu}$					$m\varTheta_{\sigma\mu}$		
	$\mu=0$	$\mu=1$	$\mu=2$	$\mu=3$	$\mu=0$	$\mu=1$	$\mu=2$	$\mu=3$
$\sigma=0$	—	—	—	—	—	326,34	46,14	35,71
$\sigma=1$	181,01	122,68	215,92	117,85	—	—21,52	10,20	8,07
$\sigma=2$	33,23	40,99	81,04	33,52	—	—27,05	—26,20	18,89
$\sigma=3$	23,19	74,51	67,08	60,08	—	132,27	—32,49	—44,01

	$\varTheta_{\sigma\mu}\cos\varTheta_{\sigma\mu}$					$\varTheta_{\sigma\mu}\sin\varTheta_{\sigma\mu}$		
	$\mu=0$	$\mu=1$	$\mu=2$	$\mu=3$	$\mu=0$	$\mu=1$	$\mu=2$	$\mu=3$
$\sigma=0$	—	3,462	1,552	5,764	—	—	—	—
$\sigma=1$	3,950	5,504	0,967	1,609	—	0,958	0,715	—0,977
$\sigma=2$	3,480	4,773	2,009	1,197	—	1,119	—0,189	0,417
$\sigma=3$	4,012	3,314	1,327	0,538	—	0,306	—0,265	—0,092

Die Einheit der beiden ersten Tabellen ist der Bogen-Grad, die der beiden letzten Tabellen die vierte Dezimalstelle der von Gauss eingeführten Einheit.

Komponente X.

Die nach Norden gerichtete Komponente X der erdmagnetischen Kraft wird aus den bereits gefundenen Werten der Deklination und Horizontal-Intensität berechnet. Der jährliche und tägliche Gang dieser Komponente wird durch die Formel

$$10000 \cdot X = 25735{,}74 + \frac{M-6{,}5}{13} \cdot 21{,}937 + \xi$$

dargestellt, in der ξ den Wert (31) hat. Die in dieser Formel auftretenden Konstanten sind:

$\Xi_{\sigma\mu}^{1,1}$

	$\mu = 0$	$\mu = 1$	$\mu = 2$	$\mu = 3$
$\sigma = 0$	—	−2,914	−0,052	−1,681
$\sigma = 1$	−3,442	−3,026	−0,871	−1,034
$\sigma = 2$	1,496	0,169	−1,131	0,632
$\sigma = 3$	1,490	1,494	−0,616	0,362

$\Xi_{\sigma\mu}^{0,0}$

	$\mu = 0$	$\mu = 1$	$\mu = 2$	$\mu = 3$
$\sigma = 0$	—	—	—	—
$\sigma = 1$	—	−2,296	−0,742	0,997
$\sigma = 2$	—	−2,071	−0,363	1,015
$\sigma = 3$	—	−1,564	0,554	−0,072

$\Xi_{\sigma\mu}^{0,1}$

	$\mu = 0$	$\mu = 1$	$\mu = 2$	$\mu = 3$
$\sigma = 2$	—	—	—	—
$\sigma = 1$	0,084	4,208	−0,328	1,119
$\sigma = 2$	3,328	4,311	0,530	0,447
$\sigma = 3$	3,805	1,691	0,037	0,076

$\Xi_{\sigma\mu}^{1,0}$

	$\mu = 0$	$\mu = 1$	$\mu = 2$	$\mu = 3$
$\sigma = 2$	—	−1,928	1,531	5,531
$\sigma = 1$	—	0,299	0,133	0,489
$\sigma = 2$	—	−1,367	1,558	0,157
$\sigma = 3$	—	−1,940	1,104	0,409

Aus diesen Werten[1]) sind in der bereits zweimal durchgeführten Weise folgende zu berechnen:

$\Xi_{\sigma\mu}$

	$\mu=-3$	$\mu=-2$	$\mu=-1$	$\mu=0$	$\mu=1$	$\mu=2$	$\mu=3$
$\sigma = 0$	253,10	268,05	33,51	—	326,49	91,95	106,90
$\sigma = 1$	93,45	195,91	143,69	178,60	99,22	236,45	141,65
$\sigma = 2$	9,98	214,53	108,52	65,80	52,73	110,19	122,45
$\sigma = 3$	310,97	266,68	91,10	68,61	355,33	135,69	48,23

$\Xi_{\sigma\mu}$

	$\mu=-3$	$\mu=-2$	$\mu=-1$	$\mu=0$	$\mu=1$	$\mu=2$	$\mu=3$
$\sigma = 0$	2,891	0,765	1,747	—	1,747	0,765	2,891
$\sigma = 1$	0,316	0,839	3,302	3,443	2,281	0,118	1,295
$\sigma = 2$	0,836	0,907	2,994	3,650	1,850	1,112	0,358
$\sigma = 3$	0,221	0,535	1,816	4,086	1,534	0,818	0,326

---

1) Die Einheiten der folgenden Tabellen sind dieselben, wie die der entsprechenden Tabellen der Horizontal-Intensität.

Die endgültige Formel für ξ ist in (33) gegeben. Die darin auftretenden Konstanten haben die in folgenden Tabellen zusammengestellten Werte:

$s_{\xi\sigma\mu}$

	$\mu = 0$	$\mu = 1$	$\mu = 2$	$\mu = 3$
$\sigma = 0$	—	—	—	—
$\sigma = 1$	178,60	121,46	216,18	117,55
$\sigma = 2$	32,90	40,31	81,19	33,11
$\sigma = 3$	22,87	74,41	67,06	59,87

$m_{\xi\sigma\mu}$

	$\mu = 0$	$\mu = 1$	$\mu = 2$	$\mu = 3$
$\sigma = 0$	—	326,49	45,98	35,63
$\sigma = 1$	—	—22,24	10,14	8,03
$\sigma = 2$	—	—27,89	—26,09	18,75
$\sigma = 3$	—	132,12	—32,75	—43,79

$\xi_{\sigma\mu} \cos \xi_{\sigma\mu}$

	$\mu = 0$	$\mu = 1$	$\mu = 2$	$\mu = 3$
$\sigma = 0$	—	3,494	1,530	5,782
$\sigma = 1$	3,443	5,583	0,957	1,611
$\sigma = 2$	3,650	4,844	2,019	1,194
$\sigma = 3$	4,086	3,350	1,353	0,547

$\xi_{\sigma\mu} \sin \xi_{\sigma\mu}$

	$\mu = 0$	$\mu = 1$	$\mu = 2$	$\mu = 3$
$\sigma = 0$	—	—	—	—
$\sigma = 1$	—	1,021	0,721	—0,979
$\sigma = 2$	—	1,154	—0,205	0,478
$\sigma = 3$	—	0,282	—0,283	—0,105

Um an Stelle von s und m die Stundenzahl S und die Monatszahl M einzuführen, muss man die beiden ersten Tabellen in folgende umrechnen:

$S_{\xi\sigma\mu}$

	$\mu = 0$	$\mu = 1$	$\mu = 2$	$\mu = 3$
$\sigma = 0$	—	—	—	—
$\sigma = 1$	11,907	8,097	14,412	7,837
$\sigma = 2$	2,193	2,687	5,413	2,207
$\sigma = 3$	1,525	4,961	4,471	3,991

$M_{\xi\sigma\mu}$

	$\mu = 0$	$\mu = 1$	$\mu = 2$	$\mu = 3$
$\sigma = 0$	—	10,883	1,533	1,188
$\sigma = 1$	—	—0,741	0,338	0,268
$\sigma = 2$	—	—0,930	—0,870	0,625
$\sigma = 3$	—	4,404	—1,092	—1,460

Führt man an Stelle der abgeänderten Stundenzahl S die um $0{,}317^h$ grössere wirkliche Stundenzahl S^* ein, so erhält man für die erste dieser beiden Tabellen:

$S^*_{\xi\sigma\mu}$

	$\mu = 0$	$\mu = 1$	$\mu = 2$	$\mu = 3$
$\sigma = 0$	—	—	—	—
$\sigma = 1$	12,224	8,414	14,729	8,154
$\sigma = 2$	2,510	3,004	5,730	2,524
$\sigma = 3$	1,842	6,278	4,788	4,308

Komponente Y.

Die Formel für den jährlichen und täglichen Gang dieser Horizontal-Komponente der erdmagnetischen Kraft ist:

$$10000\ Y = -430{,}49 - \frac{N-4{,}5}{12} \cdot 22{,}114 + \eta$$

Hierin hat η dieselbe Form wie ξ. Formel (38) giebt den Ausdruck für η; die in demselben vorkommenden Konstanten sind:

$H_{\sigma\mu}^{1,1}$

	$\mu = 0$	$\mu = 1$	$\mu = 2$	$\mu = 3$
$\sigma = 0$	—	1,981	0,465	0,140
$\sigma = 1$	8,871	2,079	0,546	0,399
$\sigma = 2$	6,363	4,751	—0,640	0,723
$\sigma = 3$	5,367	2,002	—0,371	0,099

$H_{\sigma\mu}^{0,0}$

	$\mu = 0$	$\mu = 1$	$\mu = 2$	$\mu = 3$
$\sigma = 0$	—	—	—	—
$\sigma = 1$	—	—6,896	0,184	—0,211
$\sigma = 2$	—	—3,605	1,002	—0,331
$\sigma = 3$	—	—1,396	0,807	—0,725

$H_{\sigma\mu}^{0,1}$

	$\mu = 0$	$\mu = 1$	$\mu = 2$	$\mu = 3$
$\sigma = 0$	—	—	—	—
$\sigma = 1$	9,231	5,219	0,155	0,498
$\sigma = 2$	8,241	1,815	0,613	—0,202
$\sigma = 3$	2,640	—0,522	1,018	0,388

$H_{\sigma\mu}^{1,0}$

	$\mu = 0$	$\mu = 1$	$\mu = 2$	$\mu = 3$
$\sigma = 0$	—	—0,514	1,248	1,180
$\sigma = 1$	—	—2,446	0,746	0,516
$\sigma = 2$	—	—4,582	0,496	0,424
$\sigma = 3$	—	—1,195	1,449	0,555

Aus diesen Werten ergeben sich analog zu $\overline{\overline{J}}$ und $\overline{J}$ folgende Grössen:

$\overline{\overline{H}}_{\sigma\mu}$

	$\mu = -3$	$\mu = -2$	$\mu = -1$	$\mu = 0$	$\mu = 1$	$\mu = 2$	$\mu = 3$
$\sigma = 0$	276,77	290,44	14,56	—	345,44	69,56	83,23
$\sigma = 1$	354,53	321,01	122,15	46,14	17,17	68,11	58,79
$\sigma = 2$	303,35	17,91	79,84	52,33	341,68	145,96	12,12
$\sigma = 3$	194,94	315,33	48,00	26,19	333,19	115,52	48,85

$\overline{H}_{\sigma\mu}$

	$\mu = -3$	$\mu = -2$	$\mu = -1$	$\mu = 0$	$\mu = 1$	$\mu = 2$	$\mu = 3$
$\sigma = 0$	0,594	0,666	1,023	—	1,023	0,666	0,594
$\sigma = 1$	0,094	0,470	4,527	12,800	4,697	0,486	0,592
$\sigma = 2$	0,375	0,191	3,249	10,410	4,402	0,990	0,529
$\sigma = 3$	0,324	0,306	0,453	5,981	1,904	1,367	0,626

In der η endgültig darstellenden Formel (40) haben die Konstanten die Werte:

$s_{\eta\sigma\mu}$

	$\mu = 0$	$\mu = 1$	$\mu = 2$	$\mu = 3$
$\sigma = 0$	—	—	—	—
$\sigma = 1$	46,14	69,66	194,56	206,66
$\sigma = 2$	26,17	105,38	40,97	78,87
$\sigma = 3$	8,73	63,53	71,81	40,63

$m_{\eta\sigma\mu}$

	$\mu = 0$	$\mu = 1$	$\mu = 2$	$\mu = 3$
$\sigma = 0$	—	345,44	34,78	27,74
$\sigma = 1$	—	—52,49	—63,22	—49,29
$\sigma = 2$	—	130,92	32,01	—48,54
$\sigma = 3$	—	142,59	—49,95	—24,35

$\eta_{\sigma\mu} \cos \eta'_{\sigma\mu}$

	$\mu = 0$	$\mu = 1$	$\mu = 2$	$\mu = 3$
$\sigma = 0$	—	2,046	1,332	1,188
$\sigma = 1$	12,800	9,224	0,956	0,686
$\sigma = 2$	10,410	7,651	1,181	0,904
$\sigma = 3$	5,981	2,357	1,673	0,950

$\eta_{\sigma\mu} \sin \eta'_{\sigma\mu}$

	$\mu = 0$	$\mu = 1$	$\mu = 2$	$\mu = 3$
$\sigma = 0$	—	—	—	—
$\sigma = 1$	—	—0,170	—0,016	—0,498
$\sigma = 2$	—	—1,153	—0,799	—0,154
$\sigma = 3$	—	—1,451	—1,061	—0,302

s und m waren zur Abkürzung für $S \cdot 15^\circ$ und $M \cdot 30^\circ$ eingeführt. Soll nun S und M in die Rechnung eingeführt werden, so erhalten die beiden ersten Tabellen die Werte:

$S_{\eta\sigma\mu}$

	$\mu = 0$	$\mu = 1$	$\mu = 2$	$\mu = 3$
$\sigma = 0$	—	—	—	—
$\sigma = 1$	3,076	4,644	12,971	13,777
$\sigma = 2$	1,745	7,025	2,731	5,258
$\sigma = 3$	0,582	4,235	4,787	2,709

$M_{\eta\sigma\mu}$

	$\mu = 0$	$\mu = 1$	$\mu = 2$	$\mu = 3$
$\sigma = 0$	—	11,515	1,159	0,925
$\sigma = 1$	—	—1,750	—2,107	—1,643
$\sigma = 2$	—	4,364	1,067	—1,618
$\sigma = 3$	—	4,753	—1,665	—0,812

Führt man die wirkliche Stundenzahl S^* ein, so geht die erste Tabelle in folgende über:

$S^*_{\eta\sigma\mu}$

	$\mu = 0$	$\mu = 1$	$\mu = 2$	$\mu = 3$
$\sigma = 0$	—	—	—	—
$\sigma = 1$	3,393	4,961	13,288	14,094
$\sigma = 2$	2,062	7,342	3,048	5,575
$\sigma = 3$	0,899	4,552	5,104	3,026

Vertikal-Intensität.

Die Berechnungen für diese erdmagnetische Kraft werden ebenso durchgeführt, wie die der Horizontal-Intensität.

Als Störungstage werden wieder dieselben zehn Tage des Monats November ausgeschieden, welche wir bereits bei der Deklination und Horizontal-Intensität ausgeschieden haben. Die folgenden Tabellen sind genau so eingerichtet wie die entsprechenden der Horizontal-Intensität. Die Mittelwerte der Vertikal-Intensität für jeden Monat sind in ganzen Gauss'schen Einheiten angegeben, die Abweichung hiervon in 0,0001 dieser Einheit.

Die folgende Tabelle enthält also bereits die verbesserten Werte für den Monat November.

Abweichung der Vertikal-Intensität vom Tagesmittel.

	Tages- mittel	1h19m	2h19m	3h19m	4h19m	5h19m	6h19m	7h19m	8h19m	9h19m	10h19m	11h19m	Mittag 12h19m
1882 Sept.	3,7540	0	0	0	1	1	4	6	4	—0	— 7	—11	— 9
„ Okt.	3,7549	—1	0	—1	—1	—1	1	4	3	—2	— 8	—12	—12
„ Nov.	3,7559	1	—1	0	1	—2	0	2	6	—1	— 6	— 8	— 8
„ Dez.	3,7559	0	—1	—1	—1	—1	—2	—3	—1	0	— 2	— 2	— 2
1883 Jan.	3,7563	0	—1	—2	—2	—2	—2	—2	0	—2	— 4	— 4	— 4
„ Febr.	3,7576	2	1	0	0	—1	—1	0	0	—3	— 6	— 9	—10
„ März	3,7557	2	2	2	2	1	0	4	4	—2	—10	—17	—17
„ April	3,7560	4	3	3	2	2	5	9	6	—4	—15	—22	—23
„ Mai	3,7560	3	2	2	1	4	5	7	6	—1	— 9	—13	—15
„ Juni	3,7560	3	2	2	3	6	6	2	—1	—7	—11	—13	—14
„ Juli	3,7554	2	2	2	2	4	5	5	4	—1	— 8	—14	—17
„ Aug.	3,7567	3	2	3	4	6	7	8	5	—2	— 9	—14	—15

		1h19m	2h19m	3h19m	4h19m	5h19m	6h19m	7h19m	8h19m	9h19m	10h19m	11h19m	12h19m
1882	September	— 7	— 4	1	3	2	2	3	3	4	3	2	2
„	Oktober	— 8	0	4	5	4	5	4	5	4	3	3	2
„	November	— 5	1	4	5	4	4	4	3	2	0	—1	—1
„	Dezember	— 1	1	2	3	3	3	2	3	2	2	0	0
1883	Januar	— 2	1	2	2	3	3	3	3	2	1	1	0
„	Februar	— 8	— 3	1	3	4	5	5	6	4	5	4	2
„	März	—13	— 6	1	7	7	6	6	4	4	4	3	2
„	April	—17	— 9	1	6	8	6	5	6	5	5	5	4
„	Mai	—12	— 8	—3	2	6	6	4	4	3	2	3	3
„	Juni	—12	— 8	—4	2	8	9	6	6	6	4	4	4
„	Juli	—16	—11	—4	3	6	6	4	4	6	4	4	3
„	August	—12	— 9	—3	0	4	4	3	4	4	3	3	3

Für jeden Monat wird wieder eine Formel berechnet, welche die Abweichung des Stundenmittels vom Tagesmittel darstellt. Die in denselben auftretenden Konstanten sind in der folgenden Tabelle zusammengestellt.

Vertikal-Komponente.

	a_0	a_1	b_1	a_2	b_2	a_3	b_3
1882 September	0,12	—3,50	0,42	—3,90	—0,63	—2,40	1,43
„ Oktober	0,04	—3,52	2,59	—4,13	—0,05	—3,03	1,41
„ November	0,17	—1,48	1,78	—3,47	0,51	—2,23	0,33
„ Dezember	0,17	—0,52	2,29	—0,71	0,08	—0,34	—0,09
1883 Januar	—0,25	—1,07	2,56	—1,17	0,04	—0,83	0,23
„ Februar	0,04	—4,41	2,78	—2,87	—0,41	—1,75	0,14
„ März	—0,17	—6,11	2,16	—5,98	0,34	—3,89	0,12
„ April	—0,21	—8,69	1,41	—7,90	0,25	—5,35	1,23
„ Mai	0,08	—5,81	—0,06	—5,89	—0,68	—3,34	0,06
„ Juni	0,13	—7,38	1,83	—5,92	0,24	—1,48	0,34
„ Juli	—0,21	—7,03	0,05	—6,27	—1,29	—3,28	—0,17
„ August	—0,08	—6,50	—1,09	—5,96	—0,56	—2,61	0,86

Die nach diesen Konstanten rückwärts berechneten Werte der Abweichung des Stundenmittels vom Tagesmittel sind:

	13h	14h	15h	16h	17h	18h	19h	20h	21h	22h	23h	Mittags 24h
1882 Sept.	—0,30	—0,99	—1,04	1,51	2,99	5,03	5,21	2,91	—1,35	—5,95	—9,04	—9,68
„ Okt.	0,30	—1,13	—2,14	—1,45	0,86	2,90	3,38	1,17	—3,44	—7,15	—10,72	—10,82
„ Nov.	—0,26	—1,07	—1,35	—0,68	0,75	2,19	2,63	1,42	—1,29	—4,51	—6,80	—7,01
„ Dez.	—0,19	—0,73	—1,14	—1,46	—1,54	—1,50	—1,42	—1,44	—1,58	—1,77	—1,77	—1,40
1883 Jan.	—0,44	—1,39	—2,14	—2,10	—1,84	—1,87	—1,26	—1,66	—2,56	—3,31	—3,72	—3,32
„ Febr.	2,02	0,53	—0,55	—0,83	—0,36	0,27	0,26	—1,03	—3,49	—6,39	—8,56	—8,99
„ März	2,83	1,22	0,13	0,41	2,01	3,77	4,01	1,49	—3,69	—9,94	—14,81	—16,15
„ April	4,01	1,64	0,54	1,74	4,74	7,51	7,54	3,30	—4,70	—13,40	—20,59	—22,15
„ Mai	3,00	1,60	0,78	2,00	3,68	6,03	6,80	4,04	—0,62	—7,38	—13,00	—14,96
„ Juni	2,60	2,51	3,00	3,93	4,70	4,56	2,74	—0,91	—5,82	—10,69	—14,00	—14,65
„ Juli	2,93	1,76	1,23	2,01	3,90	5,64	6,20	3,77	—1,49	—8,52	—13,99	—16,79
„ Aug.	1,72	0,68	0,73	2,11	4,19	5,65	5,09	1,81	—3,65	—9,60	—13,98	—15,15

	1h	2h	3h	4h	5h	6h	7h	8h	9h	10h	11h	12h
1882 Sept.	—7,53	—3,77	0,02	2,53	3,77	3,01	2,43	2,33	2,84	3,39	3,27	2,11
„ Okt.	—7,44	—2,99	2,12	5,57	6,32	5,35	3,92	3,11	3,62	3,19	3,70	2,26
„ Nov.	—4,90	—1,19	2,71	5,38	6,13	5,09	3,21	1,52	0,61	0,40	0,60	0,41
„ Dez.	—0,61	0,49	1,66	2,66	3,22	3,26	2,90	2,36	1,74	1,25	0,77	0,32
1883 Jan.	—2,04	—0,23	1,72	2,84	3,40	3,71	2,74	2,28	1,98	1,57	1,16	0,48
„ Febr.	—7,34	—4,05	—0,19	2,07	5,00	5,55	5,22	4,71	4,39	4,31	4,09	3,33
„ März	—13,19	—6,96	0,21	5,81	8,51	7,85	5,67	3,57	2,67	3,04	3,77	3,85
„ April	—17,85	—9,52	—0,46	6,18	8,98	7,51	5,46	3,74	3,78	5,08	6,23	5,93
„ Mai	—13,72	—8,44	—1,96	2,80	6,00	4,85	4,24	3,12	2,14	2,80	3,64	3,34
„ Juni	—12,34	—7,75	—2,26	2,07	6,04	7,54	7,48	6,67	5,60	4,61	3,76	3,07
„ Juli	—15,51	—10,70	—4,23	1,61	5,24	6,28	5,54	4,33	3,65	4,06	4,01	3,83
„ Aug.	—12,76	—7,78	—2,01	2,71	6,41	6,11	5,63	4,97	4,61	4,46	4,04	3,07

Vertikal-Komponente.

Die beobachteten und die berechneten Werte der Abweichung der Vertikal-Intensität für jede Stunde vom Tagesmittel sind in Figur III graphisch dargestellt. Der jährliche Gang des Tagesmittels ist auch bei dieser Darstellung unberücksichtigt geblieben, weil wir hauptsächlich die täglichen Variationen zum Ausdruck bringen wollten. Der mittlere Gang des Tagesmittels ist ebenfalls in der Figur dargestellt.

Der tägliche Gang der Vertikal-Intensität ist folgender: Das erste Minimum tritt zwischen 1 bis 7^h am ein; im Juli am frühsten, im Dezember erst um 7^h. Die beobachtete Kurve vom Januar zeigt die auffallende Erscheinung eines vier Stunden dauernden Minimums. Das erste Maximum findet im Durchschnitt täglich um 7^h am statt, im Dezember erst um 9^h am. Den tiefsten Stand hat die Vertikal-Intensität gegen Mittag. Dieses Minimum tritt in den Monaten November, Dezember und Januar ein bis zwei Stunden früher ein und dauert eine bis zwei Stunden. Das zweite Maximum erreicht die Vertikal-Intensität zwischen 4^h und 6^h pm. Nach dieser Zeit ist der Gang derselben sehr unruhig. Periodische Schwankungen lassen sich aus den beobachteten Werten nicht erkennen. Die Werte der Vertikal-Intensität nehmen jedoch ab bis sie Morgens das bereits erwähnte erste Minimum erreichen.

Die Unterschiede des ersten Maximums, welches in der Regel um 7^h am stattfindet, und des Haupt-Minimums um Mittag, haben in demselben Monat ein Minimum, in welchem Deklination und Horizontal-Intensität es hatten. Die Maxima der Unterschiede fallen ebenfalls auf April und Juli resp. August.

Der jährliche und tägliche Gang der Vertikal-Intensität von 1882 Sept. bis 1883 Aug. in Tiflis wird dargestellt durch die Formel:

$$10000\,Z = 37558{,}65 + \tfrac{M-6{,}5}{12} \cdot 13{,}44 + \zeta,$$

in der ζ den durch (42) gegebenen Wert hat.

Die Berechnung ergab für die Konstanten:

$Z_{\sigma\mu}^{1,1}$

	$\mu=0$	$\mu=1$	$\mu=2$	$\mu=3$
$\sigma=0$	—	−7,16	1,61	−1,01
$\sigma=1$	−4,67	−0,97	−0,40	−0,07
$\sigma=2$	−4,51	−1,07	0,20	−0,28
$\sigma=3$	−2,54	−0,18	0,18	−0,04

$Z_{\sigma\mu}^{0,1}$

	$\mu=0$	$\mu=1$	$\mu=2$	$\mu=3$
$\sigma=0$	—	—	—	—
$\sigma=1$	—	0,61	−0,02	−0,18
$\sigma=2$	—	0,16	0,12	−0,14
$\sigma=3$	—	0,15	0,56	0,24

$Z_{\sigma\mu}^{1,1}$

	$\mu=0$	$\mu=1$	$\mu=2$	$\mu=3$
$\sigma=0$	—	—	—	—
$\sigma=1$	1,39	−1,20	−0,25	−0,77
$\sigma=2$	−0,18	−0,37	−0,31	0,00
$\sigma=3$	0,49	0,30	−0,01	0,02

$Z_{\sigma\mu}^{1,0}$

	$\mu=0$	$\mu=1$	$\mu=2$	$\mu=3$
$\sigma=0$	—	1,68	−2,41	−0,02
$\sigma=1$	—	3,17	−0,84	0,71
$\sigma=2$	—	2,30	−1,13	0,79
$\sigma=3$	—	1,01	−1,26	0,47

Vertikal-Komponente.

Für $\bar{\bar{Z}}_{\sigma\mu}$ und $\bar{Z}_{\sigma\mu}$ findet man:

$$\bar{\bar{Z}}_{\sigma\mu}$$

	$\mu=-3$	$\mu=-2$	$\mu=-1$	$\mu=0$	$\mu=1$	$\mu=2$	$\mu=3$
$\sigma=0$	178,88	56,20	193,20	—	166,80	303,80	181,12
$\sigma=1$	260,04	124,99	265,30	163,42	128,59	250,94	333,44
$\sigma=2$	242,30	68,68	251,05	182,29	123,41	273,18	100,17
$\sigma=3$	257,73	59,57	266,82	169,08	104,45	253,21	139,24

$$\bar{Z}_{\sigma\mu}$$

	$\mu=-3$	$\mu=-2$	$\mu=-1$	$\mu=0$	$\mu=1$	$\mu=2$	$\mu=3$
$\sigma=0$	0,51	1,46	3,68	—	3,68	1,46	0,51
$\sigma=1$	0,75	0,37	2,20	4,87	1,27	0,58	0,07
$\sigma=2$	0,45	0,44	1,43	4,51	1,14	0,72	0,40
$\sigma=3$	0,24	0,73	0,36	2,59	0,68	0,66	0,38

Die Konstanten der Formel (43) sind:

	$s_{\zeta\sigma\mu}$				$m_{\zeta\sigma\mu}$			
	$\mu=0$	$\mu=1$	$\mu=2$	$\mu=3$	$\mu=0$	$\mu=1$	$\mu=2$	$\mu=3$
$\sigma=0$	—	—	—	—	—	166,80	151,90	60,37
$\sigma=1$	163,42	196,95	187,97	296,74	—	—68,36	31,44	12,23
$\sigma=2$	91,15	94,46	85,47	85,62	—	—64,42	51,13	—23,36
$\sigma=3$	42,27	61,88	52,13	66,16	—	—81,19	48,41	—19,75

	$\zeta_{\sigma\mu} \cos \zeta'_{\sigma\mu}$				$\zeta_{\sigma\mu} \sin \zeta'_{\sigma\mu}$			
	$\mu=0$	$\mu=1$	$\mu=2$	$\mu=3$	$\mu=0$	$\mu=1$	$\mu=2$	$\mu=3$
$\sigma=0$	—	7,36	2,92	1,02	—	—	—	—
$\sigma=1$	4,87	3,47	0,95	0,82	—	0,93	—0,21	0,68
$\sigma=2$	4,51	2,57	1,16	0,85	—	0,29	—0,28	0,05
$\sigma=3$	2,59	1,04	1,39	0,62	—	—0,32	0,07	—0,14

Die der abgeänderten Stundenzahl S und der Monatszahl M entsprechenden Konstanten sind:

	$S_{\zeta\sigma\mu}$				$M_{\zeta\sigma\mu}$			
	$\mu=0$	$\mu=1$	$\mu=2$	$\mu=3$	$\mu=0$	$\mu=1$	$\mu=2$	$\mu=3$
$\sigma=0$	—	—	—	—	—	5,560	5,063	2,012
$\sigma=1$	10,895	13,130	12,531	19,783	—	—2,279	1,048	0,408
$\sigma=2$	6,077	6,297	5,698	5,708	—	—2,147	1,704	—0,779
$\sigma=3$	2,818	4,125	3,475	4,411	—	—2,706	1,614	—0,658

Man erhält, wenn man wie früher die wirkliche astronomische Ortszeit einführt:

$$S^{\cdot}_{\zeta\sigma\mu}$$

	$\mu = 0$	$\mu = 1$	$\mu = 2$	$\mu = 3$
$\sigma = 0$	—	—	—	—
$\sigma = 1$	11,212	13,447	12,848	20,100
$\sigma = 2$	6,394	6,614	6,015	6,025
$\sigma = 3$	3,135	4,442	3,792	4,728

Inhalt.

In den folgenden Formeln bedeuten S die wirklichen Stundenzahlen, die von Mittag bis zu Mittag, also bis 24 gerechnet sind, und M die Monatszahlen, die von 1882 Januar ab gezählt sind. Für 1882 Mitte Januar wird also M den Wert 1 haben.

Während der zwölf Monate von 1882 September bis 1883 August ist in Tiflis der jährliche und tägliche Gang

1. der Deklination:

$$D = -0^n 57',504 - 2',954 \cdot \frac{M-14,5}{12} +$$

$+ 0',280 \cos (M - 7,497) 30°$ — $0,190 \cos 2 (M - 3,166) 30°$ $+ 0,166 \cos 3 (M - 0,944)$
$+ 1,705 \cos (S - 3,406) 15°$ — $1,398 \cos 2 (S - 2,064) 15°$ $+ 0,805 \cos 3 (S - 0,909) 15°$
$+ 1,240 \cos (M - 6,252) 30°. \cos (S - 4,987) 15°$ — $0,018 \sin (M - 6,252) 30°. \sin (S - 4,987) 30°$
$+ 1,030 \cos (M - 0,364) 30°. \cos 2(S - 7,354) 15°$ — $0,150 \sin (M - 0,364) 30°. \sin 2(S - 7,354) 15°$
$+ 0,322 \cos (M - 0,724) 30°. \cos 3(S - 4,580) 15°$ — $0,194 \sin (M - 0,724) 30°. \sin 3(S - 4,580) 15°$
$+ 0,127 \cos 2(M - 5,905) 30°. \cos (S - 13,244) 15°$ — $0,003 \sin 2(M - 5,905) 30°. \sin (S - 13,244) 15°$
$+ 0,158 \cos 2(M - 3,057) 30°. \cos 2(S - 3,068) 15°$ — $0,110 \sin 2(M - 3,057) 30°. \sin 2(S - 3,068) 15°$
$+ 0,226 \cos 2(M - 0,347) 30°. \cos 3(S - 5,096) 15°$ — $0,142 \sin 2(M - 0,347) 30°. \sin 3(S - 5,096) 15°$
$+ 0,093 \cos 3(M - 2,351) 30°. \cos (S - 14,270) 15°$ — $0,068 \sin 3(M - 2,351) 30°. \sin (S - 14,270) 15°$
$+ 0,122 \cos 3(M - 2,384) 30°. \cos 2(S - 5,593) 15°$ — $0,022 \sin 3(M - 2,384) 30°. \sin 2(S - 5,593) 15°$
$+ 0,129 \cos 3(M - 3,183) 30°. \cos 3(S - 3,036) 15°$ — $0,041 \sin 3(M - 3,183) 30°. \sin 3(S - 3,036) 15°$

2. der Horizontal-Intensität:

$$10000 \, T = 25739,27 + 22,21 \cdot \frac{M-14,5}{12}$$

$+ 3,462 \cos (M - 6,878) 30°$ — $1,552 \cos 2 (M - 3,538) 30°$ $+ 5,764 \cos 3 (M - 1,190) 30°$
$+ 3,950 \cos (S - 12,384) 15°$ — $3,480 \cos 2 (S - 2,532) 15°$ $+ 4,012 \cos 3 (S - 1,863) 15°$
$+ 5,504 \cos (M - 7,283) 30°. \cos (S - 8,496) 15°$ $+ 0,958 \sin (M - 7,283) 30°. \sin (S - 8,496) 15°$
$+ 4,773 \cos (M - 7,098) 30°. \cos 2(S - 3,050) 15°$ $+ 1,119 \sin (M - 7,098) 30°. \sin 2(S - 3,050) 15°$
$+ 3,314 \cos (M - 0,409) 30°. \cos 3(S - 5,284) 15°$ $+ 0,306 \sin (M - 0,409) 30°. \sin 3(S - 5,284) 15°$
$+ 0,967 \cos 2(M - 2,340) 30°. \cos (S - 14,712) 15°$ $+ 0,715 \sin 2(M - 2,340) 30°. \sin (S - 14,712) 15°$
$+ 2,009 \cos 2(M - 1,127) 30°. \cos 2(S - 5,720) 15°$ — $0,189 \sin 2(M - 1,127) 30°. \sin 2(S - 5,720) 15°$
$+ 1,327 \cos 2(M - 0,917) 30°. \cos 3(S - 4,789) 15°$ — $0,265 \sin 2(M - 0,917) 30°. \sin 3(S - 4,789) 15°$
$+ 1,609 \cos 3(M - 0,269) 30°. \cos (S - 8,174) 15°$ — $0,977 \sin 3(M - 0,269) 30°. \sin (S - 8,174) 15°$
$+ 1,197 \cos 3(M - 0,630) 30°. \cos 2(S - 2,552) 15°$ $+ 0,417 \sin 3(M - 0,630) 30°. \sin 2(S - 2,552) 15°$
$+ 0,538 \cos 3(M - 2,533) 30°. \cos 3(S - 4,322) 15°$ — $0,092 \sin 3(M - 2,533) 30°. \sin 3(S - 4,322) 15°$

3. der Nord-Komponente:

$$10000\ X = 25735{,}74 + 21{,}937\ \tfrac{M-14{,}5}{12} +$$

$+ 3{,}494 \cos (M - 6{,}883) 30° + 1{,}530 \cos 2 (M - 3{,}533) 30° + 5{,}782 \cos 3 (M - 1{,}188) 30°$
$+ 3{,}443 \cos (S - 12{,}224) 15° + 3{,}650 \cos 2 (S - 2{,}510) 15° + 4{,}086 \cos 3 (S - 1{,}842) 15°$
$+ 5{,}583 \cos (M-7{,}259) 30°. \cos (S-8{,}414) 15° + 1{,}021 \sin (M-7{,}259) 30°. \sin (S-8{,}414) 15°$
$+ 4{,}844 \cos (M-7{,}070) 30°. \cos 2(S-3{,}004) 15° + 1{,}154 \sin (M-7{,}070) 30°. \sin 2(S-3{,}004) 15°$
$+ 3{,}350 \cos (M-0{,}404) 30°. \cos 3(S-6{,}278) 15° + 0{,}282 \sin (M-0{,}404) 30°. \sin 3(S-6{,}278) 15°$
$+ 0{,}957 \cos 2(M-2{,}338) 30°. \cos (S-14{,}729) 15° + 0{,}721 \sin 2(M-2{,}338) 30°. \sin (S-14{,}729) 15°$
$+ 2{,}019 \cos 2(M-1{,}130) 30°. \cos 2(S-5{,}730) 15° - 0{,}205 \sin 2(M-1{,}130) 30°. \sin 2(S-5{,}730) 15°$
$+ 1{,}353 \cos 2(M-0{,}908) 30°. \cos 3(S-4{,}788) 15° - 0{,}283 \sin 2(M-0{,}908) 30°. \sin 3(S-4{,}788) 15°$
$+ 1{,}611 \cos 3(M-0{,}268) 30°. \cos (S-8{,}154) 15° - 0{,}979 \sin 3(M-0{,}268) 30°. \sin (S-8{,}154) 15°$
$+ 1{,}194 \cos 3(M-0{,}625) 30°. \cos 2(S-2{,}524) 15° + 0{,}478 \sin 3(M-0{,}625) 30°. \sin 2(S-2{,}524) 15°$
$+ 0{,}547 \cos 3(M-2{,}540) 30°. \cos 3(S-4{,}308) 15° - 0{,}105 \sin 3(M-2{,}540) 30°. \sin 3(S-4{,}308) 15°$

4. der West-Komponente:

$$10000\ Y = -430{,}49 - 22{,}114\ \tfrac{M-14{,}5}{12} +$$

$+ 2{,}046 \cos (M-7{,}515) 30° + 1{,}332 \cos 2 (M-3{,}159) 30° + 1{,}188 \cos 3 (M-0{,}925) 30°$
$+ 12{,}800 \cos (S-3{,}393) 15° + 10{,}410 \cos 2 (S-2{,}062) 15° + 5{,}981 \cos 3 (S-0{,}899) 15°$
$+ 9{,}224 \cos (M-6{,}250) 30°. \cos (S-4{,}961) 15° - 0{,}170 \sin (M-6{,}250) 30°. \sin (S-4{,}961) 15°$
$+ 7{,}651 \cos (M-0{,}364) 30°. \cos 2(S-7{,}342) 15° - 1{,}153 \sin (M-0{,}364) 30°. \sin 2(S-7{,}342) 15°$
$+ 2{,}357 \cos (M-0{,}753) 30°. \cos 3(S-4{,}552) 15° - 1{,}451 \sin (M-0{,}753) 30°. \sin 3(S-4{,}552) 15°$
$+ 0{,}956 \cos 2(M-5{,}893) 30°. \cos (S-13{,}288) 15° - 0{,}016 \sin 2(M-5{,}893) 30°. \sin (S-13{,}288) 15°$
$+ 1{,}181 \cos 2(M-3{,}067) 30°. \cos 2(S-3{,}048) 15° - 0{,}799 \sin 2(M-3{,}067) 30°. \sin 2(S-3{,}048) 15°$
$+ 1{,}673 \cos 2(M-0{,}335) 30°. \cos 3(S-5{,}104) 15° - 1{,}061 \sin 2(M-0{,}335) 30°. \sin 3(S-5{,}104) 15°$
$+ 0{,}686 \cos 3(M-2{,}357) 30°. \cos (S-14{,}094) 15° - 0{,}498 \sin 3(M-2{,}357) 30°. \sin (S-14{,}094) 15°$
$+ 0{,}904 \cos 3(M-2{,}382) 30°. \cos 2(S-5{,}575) 15° - 0{,}154 \sin 3(M-2{,}382) 30°. \sin 2(S-5{,}575) 15°$
$+ 0{,}950 \cos 3(M-3{,}188) 30°. \cos 3(S-3{,}026) 15° - 0{,}302 \sin 3(M-3{,}188) 30°. \sin 3(S-3{,}026) 15°$

5. der Vertikal-Komponente:

$$10000\, Z = 37558{,}65 + 13{,}44\, \frac{M-14{,}5}{12} +$$

$+ 7{,}36 \cos (M - 1{,}560)\, 30^0 + 2{,}92 \cos 2\,(M - 1{,}063)\, 30^0 + 1{,}02 \cos 3\,(M - 2{,}012)\, 30^0$
$+ 4{,}87 \cos (S - 11{,}212)\, 15^0 + 4{,}51 \cos 2\,(S - 6{,}394)\, 15^0 + 2{,}59 \cos 3\,(S - 3{,}135)\, 15^0$
$+ 3{,}47 \cos (M - 5{,}721)\, 30^0 . \cos (S - 13{,}447)\, 15^0 + 0{,}93 \sin (M - 5{,}721)\, 30^0 . \sin (S - 13{,}447)\, 15^0$
$+ 2{,}57 \cos (M - 5{,}853)\, 30^0 . \cos 2\,(S - 6{,}614)\, 15^0 + 0{,}29 \sin (M - 5{,}853)\, 30^0 . \sin 2\,(S - 6{,}614)\, 15^0$
$+ 1{,}04 \cos (M - 5{,}294)\, 30^0 . \cos 3\,(S - 4{,}442)\, 15^0 - 0{,}32 \sin (M - 5{,}294)\, 30^0 . \sin 3\,(S - 4{,}442)\, 15^0$
$+ 0{,}95 \cos 2\,(M - 3{,}048)\, 30^0 . \cos (S - 12{,}848)\, 15^0 - 0{,}21 \sin 2\,(M - 3{,}048)\, 30^0 . \sin (S - 12{,}848)\, 15^0$
$+ 1{,}16 \cos 2\,(M - 3{,}704)\, 30^0 . \cos 2\,(S - 6{,}015)\, 15^0 - 0{,}28 \sin 2\,(M - 3{,}704)\, 30^0 . \sin 2\,(S - 6{,}015)\, 15^0$
$+ 1{,}39 \cos 2\,(M - 3{,}614)\, 30^0 . \cos 3\,(S - 3{,}792)\, 15^0 + 0{,}07 \sin 2\,(M - 3{,}614)\, 30^0 . \sin 3\,(S - 3{,}792)\, 15^0$
$+ 0{,}82 \cos 3\,(M - 0{,}408)\, 30^0 . \cos (S - 20{,}100)\, 15^0 + 0{,}68 \sin 3\,(M - 0{,}408)\, 30^0 . \sin (S - 20{,}100)\, 15^0$
$+ 0{,}85 \cos 3\,(M - 3{,}221)\, 30^0 . \cos 2\,(S - 6{,}025)\, 15^0 + 0{,}05 \sin 3\,(M - 3{,}221)\, 30^0 . \sin 2\,(S - 6{,}025)\, 15^0$
$+ 0{,}62 \cos 3\,(M - 3{,}342)\, 30^0 . \cos 3\,(S - 4{,}728)\, 15^0 - 0{,}14 \sin 3\,(M - 3{,}342)\, 30^0 . \sin 3\,(S - 4{,}728)\, 15^0$

Als Einheit der Intensität gilt in den Formeln (2), (3), (4), (5) die vierte Dezimalstelle der von Gauss eingeführten Mass-Einheit.

Vita.

Ich, Philipp Georg Huff, evangelischer Konfession, wurde am 10. November 1857 zu Kreuznach als Sohn des daselbst verstorbenen Gasthofbesitzers Ph. Huff geboren.

Meine höhere Schulbildung erhielt ich auf den Gymnasien zu Kreuznach und Büdingen. Letzteres verliess ich Ostern 1878 mit dem Zeugnis der Reife.

Ich studierte in Berlin (4 Semester), München (1 Semester) und Göttingen (4 Semester) hauptsächlich Mathematik und Physik. In Göttingen bestand ich am 2. Dezember 1882 die Prüfung pro facultate docendi.

Von wesentlichem Einfluss auf meine Studien waren die Vorlesungen der Herren Bruns, Ehlers, v. Helmholtz, Klein, Narr, Riecke, E. Schering, Schwarz, Graf v. Solms, Wangerin.

Allen diesen Herren, insbesondere Herrn Prof. E. Schering, dessen freundlicher Rath mir bei dieser Arbeit vielfach zu Teil wurde, spreche ich meinen besten Dank aus.

Von Ostern 1883 bis 1884 leistete ich das vorschriftsmässige Probejahr am Gymnasium zu Bonn ab. Kommissarisch beschäftigt war ich an den Gymnasien zu Coblenz und Aachen und am Realgymnasium zu Aachen. Herbst 1886 wurde ich am Gymnasium zu Essen definitiv angestellt.